JN097844

2時間でわかる学級経営の基礎・基本

丸岡慎弥 [著]

東洋館出版社

はじめに

　初任時代、学級も授業も、そして保護者との関係もまるでうまくいきませんでした。学級は落ち着かず、授業中は常に騒がしい声がしました。中には教室中を走り回る子どもまでいました。そんな子どもたちに対して何一つ価値ある授業を実施することができませんでした。それは、保護者との関係にももちろん強く影響していました。毎日夜遅くまで残っても、私の状況は変化しませんでした。

　「このままではいけない」そう思った私は、教育書の存在を知り、セミナーの存在を知りました。「この状況を何とか変えなくては…」週末はいつも両手に紙袋がちぎれるくらいに本を買って家に帰りました。

　先人の実践を少しでも知ろうと必死だったのです。

　それから数年が経ち「先人がつくりだした実践をよりよいものにしたい」と思っていたとき、心理学やコーチングとの出会いを果たしました。

「これらをこれまでの教育と掛け合わせることでこれからの教育を生み出すことができる」そう確信しました。私が学んできた先人の知恵や実践を伝えようと若い先生に説明をするのですが、どうしても言語化できない部分がありましたが、NLPやコーチングはそれらの隙間を埋めてくれたのです。

　本書では、これまで先人がつくり出した実践に心理学やコーチングのエッセンスを交え、これからの教育の「基礎・基本」となるものが記されています。これから先生になるという方、先生としての勉強を踏み出し始めた方、そして、これからの教育を学び直したいという方にぜひお読みいただければと思っています。本書から、これからの教育のスタンダードが広がっていくことを切に願っています。

CONTENTS

第1章

学級づくり とは

第2章

学級開き

第3章

学級の環境を 整える

学級づくりとは

「ゴール設定」で教師とクラスを
アップデートする

> よいクラスづくりができるかどうかは、先生の「ゴールイメージ」で決まります。よりよい情報を集めるためには、明確なゴールイメージが必要です。

レッスン

「よい教育とは何か？」「優れた実践とは何か？」ということをいつも考え、情報を集めるようにしましょう。書籍からはもちろん、今はSNSやネットでも優れた情報をより集めることが可能です。とにかく日々情報を集めるのです。

考えをよりよいものにしていくには、良質な情報を集めなければなりません。ただ、集めるだけではだめです。仕入れた情報を自分なりの考えにし、アウトプットしなければ自分の成長にまではつながらないのです。

point

自分の考えをSNSに投稿する、人に話す、ノートに書くなど、自分なりの方法でアウトプットの回数を重ねよう！

心理的アプローチ

ゴール設定

- -

説明

　「海外旅行に行きたいな…」と思ったら、あちこちで旅行パンフレットが目に付くようになった…。こんな経験はありませんか？これは、周囲の情報量が変わっているのではなく、あなたの情報を捉える視点が変わっただけなのです。人は、目的をもつことで無意識のレベルで情報の取り入れ方を変化させます。「どんな教育をしたいか」「どんなクラスをつくりたいか」ということを明確にもちましょう。どんな目的をもつかで、自分自身が仕入れる情報の質が決まっていきます。

　私は学級のリーダーは担任の先生であると、はっきりと考えています。よきリーダーのもと、よき子どもが育つのです。
　そして、その先生の影響を子どもたちは大きく受けます（それも、無意識に）。私たちの考えに子どもたちが導かれるということを忘れないようにしましょう。

学級づくりは「1年間」で考える

> 学級づくりとは、大海原に出る大航海のようなものです。学級の子どもたちといろいろな楽しみや困難を乗り越えていく1年間です。それを、肝に銘じておきましょう。

レッスン

　大航海ですから、静かな天気の良い日もあれば、船が転覆してしまうような嵐の日もあります。つまり、よいときも悪いときもあるということです。しかし、悪いと思うときを乗り越えるからこそ、学級は成長していきます。

　航海ですから必要な物があります。それは「羅針盤」です。学級の羅針盤は、前頁にも紹介した「先生の考え」そのものです。先生の考えがしっかりとなければ、嵐を迎えたときにどこに向かっていいのかわからなくなってしまうのです。どこに向かうのかさえ、しっかりともっていれば大丈夫です。

point

学級とは、よいときもあれば悪いときもあるというのが健全な考え方です！

ヒーローズジャーニー

説明

　ヒーローズジャーニーという言葉があります。ヒーローズジャーニーとは、「英雄の旅」と日本語訳されています。ジョセフ・キャンベル博士が「神話」を研究し、映画や物語に共通した法則を発見したものです。特徴的なのは、必ず物語には「トラブル」が発生するということです。キャンベル博士は、それを「デーモン」と呼びました。デーモンは敬遠されがちですが、それを乗り越えなければ成長はありません。つまり、デーモンが来ないということは成功の可能性がないということになります。

　「落ち着いた学級」を目指している人は少なくないのではないでしょうか？確かに平穏は何よりも尊いことであり、だれもが憧れることでもあります。しかし、毎回、何も起きないドラマや映画を、時間を割いて視聴するでしょうか？きっと、だれも見ることはないでしょう。やはり、壁に向かう姿や時間に私たちは心を惹かれてしまうのです。

　大航海に出る学級づくりは、ちょっぴり不安もあります。しかし、勇気をもち、一歩ずつふみ出してみましょう。

3

学級づくりに欠かせない6つの視点

みなさんは、目指す学級の姿に向かうための視点をもっていますか？ここでは、わたしがもつ「6つの視点」についてお話します。

レッスン

　6つの視点とは「環境」「行動」「能力」「考え」「自己認識」「あり方」です。意識する順番としては、書かれた通り「環境」から意識するようにしています。次に行動、その次に能力…、となります。学級づくりでも、基本的には、順番に取り組んでいく方がいいでしょう。

　それぞれ視点が一体何を表しているのかということについては、第2章以降で具体的に述べていきます。
　学級づくりにあたる際「視点」がなければ、なかなかうまく進めることができません。なぜなら、いくら「こんな学級にしたい！」というゴールを思い描いていても、それを達成するために何をすればいいのかがわからなくなってしまうからです。

point

いつも「環境」「行動」「能力」「考え」「自己認識」「あり方」の6つの視点を意識しよう！

心理的アプローチ

ニューロロジカルレベル

説明

　NLP（神経言語プログラミング）には「ニューロロジカルレベル」
という考えが存在します。今回はそれを学級づくりに応用しました。

「環境」は、周りの環境、見えるもの、聞こえるもの、感じてい
るものなど、Where?（どこ？）When?（いつ？）

「行動」は、行動、振る舞いなど、What?（何を？）

「能力」は、How?（どのように？）

「考え」は、信念や価値観、信じていること、思い込みなど、
Why?（なぜそれが大切か?）

「自己認識」は、自分は何者であるか、自分の役割・ミッション、
Who?（私は誰?）

「あり方」はBeing（在り方）

　視点がないと、自分が取り組んでいるときに「何をしているか」
が見えないということ。そして「自分がやろうとしていることは
できているか」がわからないということです。

　このように、視点は「何をすれば」「何をしているか」「何がで
きているか」を教えてくれる大切な要素となります。ゴール（目
標）に向かうためのチェックポイントの役割を果たしてくれます。

教室の最大の環境は先生である

教室の最大の環境とは何なのでしょうか？それは、掲示物でもなく、ごみの量でもなく、先生そのものなのです。

レッスン

　子どもたちが1日教室で過ごしている中で、1番情報を得るものは何でしょうか？友だち？教科書？板書？いえいえ、子どもたちが1番何から情報を得ているのかというと、先生そのものなのです。子どもたちは、先生の言葉遣い、文字のていねいさ、格好、姿勢などあらゆることから「無意識」に情報を得ています。そこで教師はVAKの3つのポイントを自覚して行動しましょう。

　またどんな先生でいることが、子どもたちにとってよりよい教室環境となるのか、自分なりの答えをもつようにしましょう。憧れの先生を探すこともひとつの手かもしれません。

point

自分自身が相手に与える「視覚」「聴覚」「体感覚」をいつも考えよう！

心理的アプローチ

VAK

説明

　人は、五感のうち、特に「視覚」「聴覚」「体感覚（触覚）」の３つから大きく情報を得ているといわれています。それを「視覚（Visual）」「聴覚（Auditory）」「体感覚（Kinetic）」の英語の頭文字をとって「VAK」と呼んでいます。このVAKという考え方は、たくさんの場面で応用が可能です。たとえば、黒板で見せるのは「視覚（V）」ですし、先生が説明をするのは「A」、そして、実際に観察などをするのは「K」となります。

　ぜひ、この３つの要素「VAK」を頭の中に入れておいてください。

　「教室の最大の環境は教師だ」なんて言っても、ピンとこない人がいるかもしれません。「子どもたちや保護者に言われたことなんてないし…」と思われていることと思います。どうしてそうかというと、子どもたちは無意識に先生から情報を得ているからです。そして、「無意識」に手に入れた情報というのは、少なからず、その子に影響します。そうしたことは、子ども自身も自覚することができません。

　この格好でいたら…、この言葉遣いをしたら…、この体験をさせたら…、いつも子どもたちの「無意識」の部分まで想像してみてください。

小さな行動に「気付く」こと

子どもたちの「行動」をよりよくしていくには何が大切なのでしょうか？それは、先生が子どもたちの行動に「気付く」ことです。

レッスン

　子どもたちの行動をいつも以上に細かな目で見てみましょう。ランドセルをロッカーに直すという行為であれば、ただ「直している」と見るのではなく「ていねいさはどうか」「スピードはどうか」「表情はどうか」など細かな視点で見るようにするのです。

　ただ、そうした視点で見るには、「どうあればいいのか」という理想の姿が必要です。「子どもたちがランドセルを直す」という行為の最高の理想は何なのか？教師はそれをもつ必要があります。そのためには、先述した「ゴール設定」が欠かせません。

point

子どもたちの小さな行動を「見よう」とすること！

心理的アプローチ

キャリブレーション

説明

　子どもたちの姿を「見よう」と意識しなければ見ることはできません。相手の行動を観察することを「キャリブレーション」といいます。キャリブレーションをするときには、できるだけ細かく相手のことを観察します。表情はどうか、仕草はどうか、そのときの気持ちはどんな状態だろうか…。そんな細かな視点で「見よう」とするのです。「見えるどうか」でなく、「見よう」とする意識がキャリブレーションでは大切です。

　子どもたちの行動をよりよくするには「どんな指導がいいんだろう？」「どんな風にすれば子どもたちの行動を変えられるんだろう？」と思っていませんか？そうした情報も大切ですが、まずその前に大切なことがあります。それは「先生が子どもたちの行動に気が付く」ということです。子どもたちのできているところ（成果）が見えなければ、これから改善していくべきところ（課題）も見えません。まず、子どもたちができていることは何なのかなど、見つけられる「目」をもちましょう。

"つながり"が子どもたちの学力を左右する

子どもたちの学力を大きく左右するもの。その決定的な要因は「つながり」です。学級づくりが学力に大きく影響するのはそのためです。

レッスン

授業を改善する中に「学級の人間関係はどうか」といつも目を向けましょう。子どもたちは、人間関係の良好なときには学習に集中できますし、人間関係に悩みをもっているときには、不安な気持ちから学習に集中することはできません。

「学び合い」や「協働学習」を取り入れる前に必ずやってほしいことがあります。それは、「学級が安全で安心な場になっているか」というチェックです。授業実践の前に、子どもたちの人間関係を整えてやりましょう。

point

子どもたちの人間関係にいつもアンテナをはっておこう！

心理的アプローチ

ホーソン実験

説明

　「ホーソン実験」と呼ばれるものがあります。ホーソン実験とは、約90年前、アメリカでジョージ・エルトン・メイヨー教授によって行われた実験です。この実施目的は、生産性向上の要因を見つけることでした。実験では「照明」「リレー組み立て実験（作業員のグループ化）」などが生産性向上に起因するとされていましたが、その結果、大きな要因が見られませんでした。そして、メイヨー教授はその後の実験の結果、「人間関係を向上させることが仕事の生産性を引き上げる」ことを証明したのでした。

　「学力と人間関係は大きく起因している」ということは、教師であればだれもが気が付いていることです。また、ゲームなど、人間関係をつくるための取り組みは、年度の初めに行うことが多いのではないでしょうか。それは、私たちは、これまでの実践の積み上げの成果として「人間関係を向上させなければ業務はうまく回らない」ということを知っているからです。ましてや「いじめ」が起こっているクラスで学力の向上が望めないのは当然でしょう。

メタファーを使いこなす

学級で「これを伝えたい！」という場面では、メタファーが有効です。メタファーを使いこなせるかどうかが、学級の進む道を大きく分けるのです。

レッスン

　学級で過ごしていると「子どもたちにこれを伝えたい！」という場面に多々出くわします。そのときに、直接的に伝えるという選択肢しかもっていないのであれば、学級はだんだんと冷え込んでしまいます。

　そこで、子どもたちに「語り」などを通して伝えるようにします。「メタファー」を活用するのです。そのため、子どもたちに伝えたい素材となるものを普段からできるだけたくさん集めてみましょう。素材は自分の周りのあちこちに散らばっています。

point

普段から子どもたちに話ができる素材を集め続けよう！

心理的アプローチ

メタファー

説明

　メタファーとは、一般的には「例え」とされていますが、心理学では「ある出来事に対して、関連するストーリーを話すこと」とされています。例えば、寓話、神話、民謡、伝説、暗喩などのことを指します。

　人は、直接的に「ごみを拾おう！」と何度言っても、それをなかなか納得しなかったり行動に移しにくかったりという性質をもっています。しかし、「大谷選手はごみ拾いを『運拾い』として毎日継続しているらしいよ。大谷選手がどうして『運』を大切にしているかというと…」というように、ストーリーを話すことで、納得したり行動したりする性質があるのです。

　「先生がメタファーをどれだけもっているか」ということは、学級づくりに大きな影響を与えます。上記の心理的アプローチの通り、メタファーが人を動かすからです。また、「やりなさい！」という直接的な強い指示は学級の空気を冷たくしてしまうことがあります（もちろん、時としてそうした指示が必要なことがあります）。メタファーを使って、時には学級を温めてあげてください。そして、学級で話したメタファーは学級の文化として蓄積されていきます。それは、道徳を積み上げることができるといえるのです。

8

「リード・サポート・バックアップ」を知る

指導の見通しをもつことはできていますか？指導の見通しを
もち、時期に合わせた指導をすることで、子どもたちに着実に
力をつけることができます。

レッスン

「子どもたちに説明させる算数の授業をしたい」という理想の姿をも
ったとします。それでは、そのゴールに向かうまでに、どのようなステ
ップを踏んで指導をしますか？そのステップをだれかに説明することは
できますか？

また、そのステップはいくつありますか？そのステップの時期に、先
生はどんな役割をしますか？こういったことが、明確になっていなけれ
ば子どもたちを導くことはできません。

point

「リード・サポート・バックアップ」に当てはめ、
自分の指導を書き出そう！

心理的アプローチ

リード・サポート・バックアップ

説明

　「リード・サポート・バックアップ」という考えは、教育の仙人といわれた堰八正隆先生が提唱された考えです。どんな指導にも「リード期」「サポート期」「バックアップ期」が存在します。リード期というのは「先生がしっかりと引っ張る時期」、サポート期というのは、「先生がサポートしながら子どもが進んでいく時期」、バックアップ期とは、「先生は後ろに回り、子どもたちを支える時期」のことです。この3つの時期は、どんな指導にも当てはめて考えることができます。

| リード期 | サポート期 | バックアップ期 |

　指導に「段階」をつけていますでしょうか。たとえば、読書指導であれば、「先生に言われて決まった時間に読む」「先生に言われずに決まった時間に読む」「自分から好きな時間に読む」などです。自分の取り組む指導に、この「リード・サポート・バックアップ」の考えをすべて当てはめ、何かに書き出してみてください。それぞれの時期に合わせた指導がみえてくるはずです。これが、「指導の見通しをもつ」ということなのです。

学級づくりのゴールとは

学級づくりのゴールを自分で設定していますか？私は「子どもたちが自分のあり方をもつ」こととしています。

レッスン

　年度の始め、学期の始め、そして、学期の終わりなどの節目に「自分はどんな自分でいたいのか」「自分は将来だれの役に立ちたいか」などといった、Being（あり方）を考え、紙に書く機会を子どもたちに設けましょう。

　そして、年間でどのような機会に「Being（あり方）」を考えさせることができるかを把握しておきましょう。道徳の時間、学校行事（運動会や学習発表会、卒業式）などがあるでしょう。そうした機会に、何度も考えさせることで、子どもたちにとっても「Being（あり方）」を考えることが当然となっていきます。

point

Being（あり方）とDoing（行動）とHaving（所有）を押さえよう！

心理的アプローチ

BeingとDoingとHaving

説明

コーチングでは「Being（あり方）とDoing（行い・行動）のちがい」を捉えることが大切であるとされています。よく、「あり方が大切」といわれますが、「双方が大切」

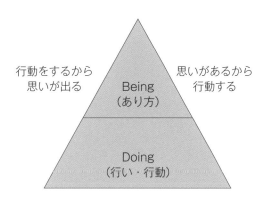

行動をするから思いが出る

思いがあるから行動する

Being（あり方）

Doing（行い・行動）

が正解です。あり方と行動はいつも影響し合っています。ただ、一般的には、行動であったり、行動の下の概念である「Having（持ち物・所有）」であったりに注目されがちです。

学級の子どもたちのゴールイメージを浮かべるときに「どんなことができるようになるか（Doing行動）」「どんなスキルが身に付くのか（Having（スキルの）所有）」に注目がいきがちではないでしょうか？しかし、それでは「Being（あり方）」が置き去りになってしまいます。Being（あり方）を考えるとは、「自分はどうありたいか」「自分はどんなことをしたいか」ということを考えることです。子どもたちにそのようなことを考える機会を与え、自覚させることが大切なのです。

第 **2** 章

学級開き

子どもたちを迎え入れる準備

1年で最も大切といわれる初日を迎えるまでに何をするのか？
それは、子どもたちに「ここにいてもいい」という環境をつく
ってあげることです。

レッスン

　子どもたちが自分の教室に足を踏み入れるとき、不安な気持ちをもた
せてしまう要素はありませんか？そんな視点で子どもたちが登校する前
の教室を見渡してみましょう。靴をどうすればいいのか、ランドセルは
どうするのか、どこに座ればよいのか、そんなことをきちんと明示して
あげましょう。

　また、黒板にメッセージを書く方法も有効です。イラストを描いてあ
げる方法もありますし、先生のメッセージを残してあげる方法もありま
す。ネットでも検索するとたくさんの事例が出てきます。子どもたちが
黒板を読み、「自分のクラスはここなんだ」と感じられるようにしてあ
げましょう。

point

とにかく「自分はここのクラスにいてもいい」と
思わせてあげましょう。

心理的アプローチ

マズローの欲求5段階説（そのうちの第3段階である「社会的欲求」）

説明

　みなさんご存知のマズローの5段階欲求は「生理的欲求」「安全欲求」「社会的欲求」「承認欲求」「自己実現の欲求」という5つの階層に分かれています。そのうちの「社会的欲求」は所属感を満たすものであるといわれています。「あなたはこの組織の一員です」「あなたはここにいてもいいのです」というメッセージを伝えることで、この第3段階である「社会的欲求」は満たされていくのです。この社会的欲求が満たされない限りは次の第1、2段階へは進めないと本理論では考えられています。学級でもまずはこの第3段階を意識して高めるようにしましょう。

　1年で1番大切ともいわれることの多い「学級開き」ですが、それを迎えるためには、何に1番気を付ければよいのでしょうか？それは、出会った初日に、子どもたちが教室に足を踏み入れた際に「自分はここにいてもいい」という所属欲求を満たしてあげることです。具体的には、靴箱にシールを貼ることや、ロッカーの位置や自分の座席がここであると教えてあげることです。「このクラスの一員だよ」というメッセージが込められているのです。繰り返しになりますが（とても大事なことです）、「このクラスがあなたのクラスだよ」と少しでも感じさせてあげましょう。

2

信頼関係のファーストステップ 「安心・共感」

子どもたちと出会った瞬間にすることとは何なのでしょうか？
それは、「子どもたちの事実を承認してやる」ということです。

レッスン

　子どもたちの姿を初めてみる始業式。子どもたちはだれが自分の担任かはわかりませんが、担任の先生は自分がどの子を担当するのかわかっています。子どもたちの姿を見た瞬間から「～している（事実承認)」を探しましょう。

　事実承認は大げさなことでなくて構いません。小さなことでいいです。「きちんと両足で立っている」「姿勢がよい」「話している先生の方をきちんと向いている」などです。「えっ、こんなことで？」という点でも初日はきちんと見てやり、ほめるという行為を通して認めてあげましょう。

point

出会いの日から「安心・共感」を築いていきましょう！

心理的アプローチ

信頼関係を構築する３ステップ

説明

　コーチングの世界では「信頼関係を構築する３ステップ」があると
いわれています。

　　L１「安心・共感」

　　L２「相互理解」

　　L３「リクエスト・応援」

　の３段階です。集団は、習熟していくにつれて、L１からL２、L３
と進んでいきますが、出会いの日からしばらくはL１の「安心・共感」
を築いていきたいところです。L１「安心・共感」がしっかりとして
いなければ、L２、L３に進むことはありません。

　　なぜ、「こんなことで？」という子どもの事実を初日にほめて
いくのでしょうか？　それは、上記にある「安心・共感」を伝え
ていくためです。「あなたがいてくれるだけでいい」「みんながこ
うしてクラスに集まってくれることが何より」という一番土台と
なる部分をていねいに承認していきましょう。そうすることで、
子どもたちには「ここに自分がいてもいいんだ」という安心感が
生まれます。それが、その後のクラスの成長の確かな土台となっ
ていくのです。

3 信頼をつくる先生の自己紹介

普段の自己紹介はどのようにしていますか？自己紹介も、子どもたちと信頼を築く大きなチャンスにすることができます。

レッスン

　愛知県の元小学校教師、平光雄先生は「自己紹介では、自分の好きなことや趣味を20くらい伝える」といいます。どうしてでしょうか。それは、どんな子どもにも「あ、先生と似てる」という感情をもってもらうためです。似ていることが安心を生みます。

　サッカーが好きです、赤色が好きです、ケーキが好きです、読書が好きです、寝ることが趣味です、ゲームが好きです、から揚げが好きです…。などのように、自分のクラスの子どもたちが好きそうな要素と自分の好きなことをかけ合わせて自己紹介を考えましょう。

point

自分の趣味や特技を20以上伝え、子どもに共通点を示そう！

心理的アプローチ

類似性の法則・セルフディスクロージャー

説明

　「類は友を呼ぶ」という言葉があります。私たちは、自分と共通点が多い人や自分と見た目や中身、趣味が似ている人に対して親近感がわき、好感を抱きやすいといわれています。これを「類似性の法則」といいます。また、自己紹介は「セルフディスクロージャー（自己開示）」の効果もあります。自己紹介をし、自分を開示することで、相手は安心感を抱き、自分も開示しようという作用が働きます。

　この平光雄先生の自己紹介はとても効果があります。子どもたちに自分のことを伝えることはもちろんですが、自己分析をすることにもつながるのです。自分に関する要素を実際に20も書き出すことはあまりありません。また、それらの要素はどういった子どもたちと関連性があるのかも知ることができます。

　自己紹介のときには「動」と「静」や「剛」と「柔」など、二面性を意識してみてください。例えば「サッカー（動）」「読書（静）」などです。カバーできる子どもがうんと広がります。

まずはゲームで空気をあたためる

学級開きでの「ゲーム」は鉄板のネタといえるでしょう。では、どうしてゲームが学級開きに必要なのかをみていきましょう。

レッスン

学級開きや年度当初では、学級でのゲームの取り組みが大きな効果を発揮します。今やゲームの種類はネット検索をすれば山ほど登場します。私の学級では、よく「後だしじゃんけん」「セブンイレブンじゃんけん」などをしていました。

ゲームには2種類あります。先生とのつながりをつくるゲームと、子ども同士をつなげるゲームです。まず、このちがいを認識してゲームを行いましょう。それから、順としては「先生とつながるゲーム」「子どもをつなげるゲーム」です。順番を間違えないようにしましょう。

point

「先生とつながる」→「子どもをつなげる」という順番でゲームを！

心理的アプローチ

集団心理

説明

　集団心理とは、ル・ボンというフランスの心理学者が提唱した考えです。集団心理がよい方向で作用すると、一つのことに一致団結し、協力が生まれてくるといわれています。また、一人ひとりの力が弱くても、大勢集まることで大きな力となります。安心感や爽快感、達成感などといった感覚も大きく味わうことができます。

　教室で行うゲームは、上記のように集団心理が働くので、子どもたちは安心感をもちやすかったり、友だちに声をかけやすい心理状態になったりします。

　ただ、そのときには「ゲームをする目的は何か？」ということを明確にもつようにしましょう。「クラスの空気をあたためたい」「子どもたち同士をつなげたい」などといった明確な意図です。「ただ、授業で時間が余ったからゲームをする」というのは、あまりお勧めはできません。それは、充実した授業ができていないという証拠になってしまいます。

初日に先生のちょっといい話

初日に先生のちょっといい話をしてあげます。それも発問を1つか2つほど入れた「小さな道徳」（愛知教育大学教授　鈴木健二先生提唱）のようなことができればなおよいでしょう。

レッスン

初日に「これだけは伝えたい！」という先生のメッセージを自身が見つけた素材にのせて伝えるようにしましょう。たとえば、「人には可能性がある」と説明するよりも、幼稚園児が10段の跳び箱を飛び越える映像を見て「人には可能性がある」と伝える方が、より子どもたちに伝わるのです。

ただし、先生の伝えたいことが押しつけにならないように注意しましょう。そうならないためのキーワードは「発問」と「マスキング（教材の一部を隠すスキル）」です。子どもたちにとってよい教材を発見したとき、「何を問おうかな？」「どこを隠そうかな？」という視点で見てみてください。

point

教材を見つけたら「どう子どもに伝えようか？」という視点で見てみましょう。

心理的アプローチ

ミルトン・モデル（引用）

説明

　ミルトン・モデルとは、催眠療法の第一人者として知られるミルトン・エリクソンがクライアントに対して実践したセラピーを分析し、体系化したものを言います。その中に「引用」というスキルがあります。

　ミルトン・モデルの「引用」は、その名の通り、何かを引用してメッセージを伝えることです。P.21のように「ごみを拾いましょう」と直接的に伝えられるより「大リーガーの大谷選手はごみを拾うことで自分の運が上がればいいと思って実践しているそうだよ」と、Tピソードを引用して伝えます。

　引用を用いると、第３者の影響を付け加えて子どもたちに伝えることができ、印象が柔らかくなったり権威がつけられたりするのです。

　「小さな道徳」は、愛知教育大学教授である鈴木健二氏が提唱されているものです。それを参考に実践させていただいています。

　こうした道徳の話は、先述した「メタファー」にも関係することですが、ぜひ、１年間先生が「これを大切にしたい！」と思う内容と関連付けたものを子どもたちに提示してあげてほしいと思います。それが、途中で変更になっても構いません。まずは、先生が提示するという一歩が大切であると考えています。

「どうぞ」「ありがとう」の文化をつくる

1日で何回子どもたちに「ありがとう」を伝えましたか？子どもたちは学級内でどれだけ「ありがとう」を伝え合っていますか？

レッスン

　初日には配布物がたくさんあります。子どもたちに「手紙を受け取るときのシステム」を教える絶好のチャンスです。手紙を友だちに渡すときには「はい、どうぞ」、手紙を受け取るときには「ありがとう」というシステムをぜひ定着させましょう。

　また、そのときには子どもたちへ「なぜそうするのか」をていねいに説明するようにしましょう。「一言付け加えるとうれしい」「ありがとうを増やす方が気持ちいい」ということをきちんと語りましょう。

point

「ありがとう」を伝え合う文化を学級で定着させよう！

心理的アプローチ

オキシトシン

説明

　感謝の気持ちを伝えることで「オキシトシン」というホルモンが分泌されるといわれています。オキシトシンは「幸せホルモン」「抱擁ホルモン」ともいわれています。オキシトシンには、「幸せな気分になる」「脳・心が癒され、ストレスが緩和する」「不安や恐怖心が減少する」「他者への信頼の気持ちが増す」「社交的となり、人と関わりたいという好奇心が強まる」「親密な人間関係を結ぼうという気持ちが高まる」「学習意欲と記憶力向上」「感染症予防につながる」ともいわれており、たくさんの効果が期待されています。

　配布物を渡す際に「どうぞ」「ありがとう」というシステムを実践されていたのは、社会科授業名人の有田和正先生です。教師は「すごい！」「よくできた！」と、よく子どもたちにほめることが多いと思いますが、案外、子どもたちに「ありがとう」と感謝を伝える場面が少ないのではないでしょうか。感謝の文化ができることで、学級はとてもあたたかくなります。ぜひ、「ありがとう」があふれる実践に取り組んでみてください。

学級通信を出す

学校はたくさんの種類の手紙を出す機関です。その中でも、最も喜ばれる手紙は「学級通信」なのです。

<u>レッスン</u>

　A4用紙1枚でも構いません。B5用紙1枚でも構いません。自分の学級の通信を出してみましょう。パソコンで書いても手書きでも結構です。毎日でも週に1度でも、2週に1度でも構いません。数ある学校の手紙の中で、学級通信ほど、子どもにも保護者にも読まれるものはありません。

　学級通信を出すには、少しハードルがあります。管理職にもチェックをもらわなくてはいけません。学年の先生にも承認が必要でしょう。しかし、そうしたことを乗り越えて出す文章だからこそ、勢いが乗るのです。ぜひ、通信を書く習慣をつけてください。

point

若いときこそ「学級通信」を出そう！！　自分だけの財産にもなります。

心理的アプローチ

I am OK, You are OK.

説明

　「I am OK, You are OK.」とは、交流分析という心理学の「人生態度」「人生の構え」という理論です。「人生の構え」とは、自分が他者にどのような結論を下しているか、という思考パターンです。学級通信でも４つのパターンを意識しましょう。

1）「I am OK, You are OK.」強調、共存

2）「I am not OK, You are OK.」回避、孤独

3）「I am OK, You are not OK.」独善、排他

4）「I am not OK, You are not OK.」拒絶、自閉

　学級通信は保護者にも子どもにも強い影響があります。また、自分自身にとっても１年間の記録となり、数年たっても見返すことのできるほど、貴重な財産となります。「よく通信を出しているね」と同僚から認められたり、「通信がうれしいです」と保護者から感謝の言葉をもらったりすることもあります。しかし、上の「I am OK, You are OK.」を参考に、自分よがりのものにならないように気を付けましょう。特に３）の状態になってしまうと、自分はよくとも相手にとって良くないということになってしまいます。「この通信を受け取ったら相手はどう感じるか」という視点を忘れないでください。

記念すべき初日に「ハイ、チーズ！！」

学級通信の役割とは何なのでしょうか？学級通信にはたくさんの効果がありますが、そのひとつに「思い出をふりかえる装置」としての役割があります。

レッスン

　初日には大切なことがぎゅっとたくさん詰まっています。初めての子どもたちとの出会い、先生からの子どもたちへの語り、初めての教科書配布などなど…。これからはじまる長い1年の最初の感情をぜひ写真に収めるようにしましょう。

　もし、最初に記念写真を撮るのなら「○○記念」など、何かと紐づけるとよいでしょう。私は、初日に国語の教科書にある扉の詩の暗唱指導をしておりました。そして「暗唱全員達成！！」といって、記念写真を撮るのです。

point

学級通信にクラスの思い出をためていこう！

心理的アプローチ

アンカリング

説明

　アンカリングとは「条件付け」のことをいいます。条件付けというと、難しく聞こえますが、誰しもが「アンカリング」を経験したことがあります。たとえば、昔に聞いた思い出の音楽を聴くことで、当時の記憶や感覚を思い出さないでしょうか。旅行に行ったときのお土産を見るたびに、当時の気持ちを思い出さないでしょうか？その思い出すときに「音楽」や「お土産」がアンカー（引き金）となっているのです。こうしたことを知っていれば意図的に過去の記憶や感情を思い起こす仕組みをつくることが可能です。

　撮った記念写真は、ぜひ２日目の学級通信に掲載しましょう。（写真の取り扱いについては、管理職の先生と十分に話をされてからとなりますが…）そして「○○記念！！」として、掲載するのです。私であれば「暗唱全員達成！！」と、大きな見出しをつけて発行していました。子どもたちにも保護者にもインパクトは絶大でしょう。そして、子どもにも保護者にも「○年生はたのしみだ！」と思ってもらうことができるのです。

　こうして、学級通信を効果的に活用していきます。学級通信は、学級のよい思い出を回想するための装置となるのです。

第 3 章

学級の環境を整える

「物」にメッセージを込める

教室に置かれているものが教室環境をつくります。その物に
どのようなメッセージを込めるかで、教室環境が変わってくる
のです。

レッスン

　教室に置かれたり掲示されたりしているものはたくさんあるでしょう。机、時間割、時計、先生の机、給食の配膳台、オルガンなどなど…。それらの配置を意図的に仕組んでいますか？ただ、置いているだけになっていませんか？

　たとえば、時計の位置について。「授業中の妨げになる」という意味で後ろに置く先生もいます。「自分たちで時計を見て動けるように」という意味で前や横に置く先生もいます。その物に対し、どんなメッセージを込めるかで子どもに与える影響が変わってくるのです。

point

教室にある物にメッセージを込めよう！

心理的アプローチ

アフォーダンス

説明

　アフォーダンスとは「物にはメッセージが込められている」という考え方です。例えば、四角い書類箱をみれば「あそこに何かを提出するんだな」と説明をしなくとも子どもたちに伝えることができます。「朝来たら提出物を出しましょう」と子どもたちに説明をしていても、何も置かずにしておくのと、ノートの入る四角いかごを用意しておくのでは伝わる成果はうんと変わってきます。アフォーダンス理論を活用し、「物を通して子どもたちに伝えられるメッセージはないか」を考えてみてください。

　あなたの教室に入ったとき、子どもたちはどのようなメッセージを受け取るでしょうか？教室に入って無駄なものがなければ、そのまま自席に向かい、ロッカーにランドセルをしまうでしょう。これは、「学校に来たら自分の席に着く」「ロッカーにはランドセルをしまう」というメッセージを、子どもたちが机やロッカーから受けているからです。宿題の箱を用意し、そこに子どもたちに入れさせるような仕組みも「アフォーダンス」を利用しているといえます。

机配置を工夫する

教室ではいくつの机配置の方法を活用していますか？一斉型とグループ型（給食のときなど）では、少なすぎます。ひとつでも多くの机配置を使いこなしましょう。

レッスン

「一斉型（スクール型）」「アイランド型」「コの字型」「円形型」「床に直接座る型」「テスト実施型」など、さまざまな学習に対する机配置があります。まずは、それらの机配置があることを知りましょう。

そして、それらの机配置のメリットとデメリットを考えてみましょう。教室では、できるだけたくさんの机配置を使いこなせるほうが、より授業を向上させることができます。どんなときに、どんな机配置を使ってみたいか、一度書き出してみましょう。

point

大きく分けた6種類の机配置をまずは知ろう！

心理的アプローチ

カウンセリング場面で見る机配置

説明

　プロのカウンセラーも場面や目的によって机配置を多様に活用しています。そのとき、その場面に必要なコミュニケーションを取るための机配置があるのです。たとえば、対面（机あり、なし）、並んで座る、正面を外して座る、やや後ろに座る、などです。集団の場合でも、教室型、長方形テーブル、半円型、横並び一列、丸テーブルなど、目的と場面によって、使い分けているのです。

　前頁の「アフォーダンス」は机配置にも利用できます。たとえば、一斉授業型であれば「今は先生の話をしっかりと聞くべき」というメッセージを込めることができますし、班ごとのグループ活動では「班のみんなで協力するんだ」というメッセージを込めることができます。机があるのとないのとでも、心理面では大きなちがいがあります。より気持ちに寄り添って話をするのであれば、机はない方がいいですし、議論をしながら話し合いたいときには、机があるとアカデミックに話を進めることができるでしょう。

[一斉型（スクール型）]

[コの字型]

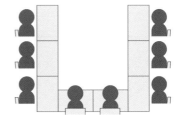

[アイランド型]

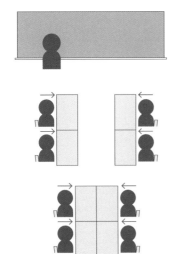

（真ん中の空間あり・なし）

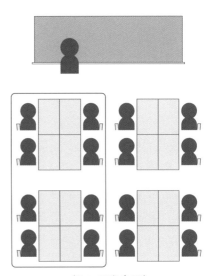

（2つの班合同）

［円形型］

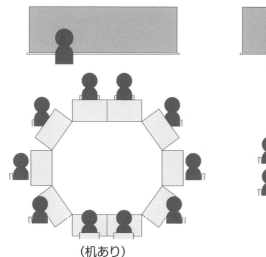

（机あり）

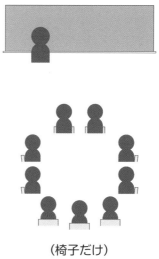

（椅子だけ）

［床に直接座る型］

［テスト実施型］

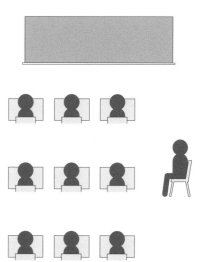

3 学級のルールを整える

学校にはたくさんのルールが存在します。学級内のものも含めると、相当なものでしょう。そんなルールについてもう一度考えてみましょう。

レッスン

　「給食当番のときにはエプロンをつける」「学校には黄色帽子を被ってくる」など、子どもたちには様々な学校のルールが求められます。その一つひとつがどうして存在するか、子どもたちに語ることはできますか？ルール一つひとつの意味を考えてみましょう。

　また、「そもそもルールはどうして存在しているのか」についても、きちんと捉えてみましょう。ルールの目的は「みんなが快適に過ごすため」です。もし、それに当てはまらないルールがあるとするなら、必要のないルールなのです。

point

「そのルールは必要か」「そのルールはなぜ存在するのか」という思考をもとう。

心理的アプローチ

ルール支配行動

説明

　「ちゃんと横断歩道を渡らないと『事故にあうよ』」と子どもに伝えたとします。すると、子どもたちの多くは横断歩道を渡るようになるでしょう。どうして、事故にあってもいないのに、子どもたちはこのルールを守るようになったのでしょうか？それは、脳の中で、この言葉を通して疑似体験をしているからです。「脳は現実とイメージの区別がつかない」ともいわれています。子どもたちにルールを伝えるときには、こうしたメカニズムを知っておくとよいでしょう。

脳は現実と
イメージの
区別が
つかない

　みなさんは、次の２つのうち、どちらの立場ですか？「Ａ：ルールは守るもの」「Ｂ：ルールは変えるもの」の２つです。私たちは、どうしてもＡを子どもたちに指導することがほとんどですが、ルールの本質はＢなのです。時代が変われば、ルールもそれに合わせて変わります。よって、すべてのルールは「変わる可能性のあるもの」と捉えるようにしましょう。ルールを伝える際は、上記の「ルール支配行動」と脳のメカニズムを意識して伝えるようにしてくださいね。

子どもたちの心の状態を整える

子どもたちは温かい学級であることを望んでいます。先生も
そうでしょう。では、どのようにすれば、温かい学級にするこ
とができるのでしょうか。

レッスン

　温かい学級には、必ず学級の中に賞賛するシステムが導入されていま
す。拍手をしたり、言葉でほめ合ったり、ハイタッチをしたり…。温か
い学級は温めているから温かいのです。そう、「温めている学級」です
ね。

　だれかが何かクラスのためになることをしたら拍手をする。朝の会で
は、24時間以内にあったプチハッピーを班で言い合う（good&news）。
帰りの会では、班でほめ言葉を言い合う（菊池省三先生のほめ言葉のシ
ャワーの縮小版。寝屋川市公立小学校の松森靖行先生が「ほめ言葉のジ
ョーロ」と命名）など、クラスの中に賞賛のシステムを取り入れるので
す。

point

プラスのストローク（心の栄養）で学級をあふれ
させよう。

心理的アプローチ

心の壺

説明

　人はだれしも「心の壺」のようなものをもっています。時間が経つにつれ、中身は少しずつ外へ漏れてしまいます。なので、入れ続けなければ、いつか空っぽになってしまうのです。この壺には何が入るのでしょうか？それはストローク（心の栄養）です。賞賛されればプラスのストロークがたまります。非難されればマイナスのストロークがたまります。心の状態は壺の中のストロークの割合で決まります。

　上記の「心の壺」のお話は、ぜひ子どもたちにも語ってあげましょう。そして、「自分たちの学級では、どんなことをしてプラスのストロークをためたいか」と相談してもよいでしょう。すると「明るい声であいさつをする」「何かをしたらありがとうと言う」「一緒に遊ぼう、と声をかける」など色々出てくるでしょう。また、「どんなことをしたらマイナスのストロークになるのか」を話し合い、それらをしないように話し合うことも効果的でしょう。

5

「窓割れ理論」を子どもたちと共有する

> 「乱れない」ことは、教師だけでなく子どもたちにも意識し
> てほしいポイントです。そのためには、**具体的エピソードが必**
> **要**です。

レッスン

社会教育家、平光雄先生は「まぁいいや」を「魔―いい矢」と表現し、「魔―いい矢が自分に刺さったと思ったら直ちに抜かなければならない」と言っています。あなたは、「魔―いい矢」が刺さりっぱなしになっていませんか？

「小事は大事」といいます。これは、生活指導上でも同じことがいえます。小さなルールをきちんと守るからこそ、大きなルールを守ることができます。小さな問題のうちに対処すれば、小さな指導ですみます。この「小事」に気が付けるかどうかがカギなのです。

point

「小事」に気が付く学級をつくろう！

心理的アプローチ

窓割れ理論（ブロークン・ウィンドウ理論）

説明

　窓割れ理論とは、もともとはアメリカの犯罪学で使用されていた理論です。「窓の小さな傷や割れをほうっておくと、その窓に対して注意が向いていない」と人々に無意識に伝わり、そのような環境下では、犯罪率が上がると考えられているものです。学級でも、小さなルールを破ってしまっている状態を放置しておくことで、子どもたちが次々にルールや生活の秩序を乱していくものです。ルールや秩序の乱れは小さなうちから意識を高め、正していくように努めましょう。

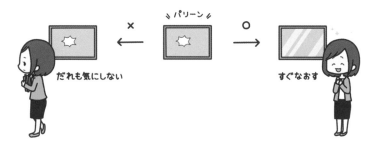

　TOSS代表であり、元東京都公立小学校教諭の向山洋一先生は、著書「いじめの構造を破壊せよ」（明治図書出版1991）の中で「いじめは、となりの子とたった少し机を離すことから始まる」といい、「その小さな事象に教師が気付けるかどうかだ」と述べています。「まぁいいや」「これくらい」と何でも見過ごしていると、その事案はどんどんと大きくなっていきます。ただ、何でも気が付いたことをすべて指導するのではなく、気が付きつつも、指導の選択を私たちは求められているのです。

どんな学級の文化を目指すのか

学級の文化とは、どうやって築かれるのか。それは、上がり続けるだけでなく、時には下がるからこそ文化ができ上がるのです。

レッスン

　自分たちの学級にはどんな文化がありますか？文化をつくりだすには、挑戦と失敗、そして成功が必要です。教師が仕入れたネタを投入するだけでは、学級の文化までは発展しません。そこには、挑戦と失敗が必要なのです。

　挑戦や失敗は担任の先生も含め、だれしもが恐れることでしょう。しかし、挑戦や失敗がなければ、学級の成長はありえません。学級は常に成長か堕落のどちらかの道を進んでいます。もしかすると、落ち着いているだけの学級は下降しているのかもしれません。

学級に「感情のN曲線」を設計せよ！

心理的アプローチ

感情のN曲線

説明

　大好きな漫画を読む。気が付くと、アニメの主人公を応援している。これは、ドラマでも映画でも同様です。私たちは、何かを「応援」する生き物です。では、どんなときに応援するのでしょうか。それは、応援している対象が「ピンチ」を迎えたときです。ピンチであっても立ち向かう姿を応援するのです。人気の漫画もドラマも映画も、主人公の感情はN字を描くように上がり下がりをくりかえします。そんな「感情のN曲線」のある主人公を応援するのです。

　SNSの発達で、優れた実践はどの教師も知ることができるし、わかりやすい学習方法もどの子も知れる時代になりました。しかし、どうやって、自分たちの学級を自覚するのでしょうか？この時代に必要なことは、自分たちの学級の文化の積み上げです。自分たちの学級がどんなストーリーをもつかということが、これからの時代に求められるのです。

「言葉」「動作」「表情」「イメージ」を意識する

空気感をつくり出す４要素が「言葉」「動作」「表情」「イメージ」です。この４つがいつも明るい状態であることを意識してみましょう。

レッスン

子どもたちの「言葉」「動作」「表情」「イメージ」に注目して子どもたちを見てみましょう。「めんどくさい」と言いながら、やる気のない顔でだらだらと勉強して学力が上がるでしょうか？この４つの要素をできるだけよい状態にすることが大切です。

子どもたちにもそれを実感させてあげます。「できない、できない」と下を向いて小さな声で言ってから計算に取り組むのと「できる！できる！」と上を向いて笑顔で言ってから計算に取り組むのとでは、どうちがうでしょうか？ぜひ、体感させてあげましょう。

point

「言葉」「動作」「表情」「イメージ」をよい状態にしよう！

心理的アプローチ

SBT理論

説明

　SBT理論とは、「スーパーブレイントレーニング」の頭文字をとったものであり、大脳生理学と心理学に基づき、研究、確立した脳から心を鍛えるメンタルトレーニングのことです。SBT理論の中では、「言葉」「動作」「表情」「イメージ」がよい状態であれば、脳のパフォーマンスの状態もよくなるといわれています。

動作

イメージ

やるぞ！

言葉

表情

　この「言葉」「動作」「表情」「イメージ」を一気に最高潮の状態にもっていく方法があります。ほんの15秒もあればその状態に脳を引き上げることができます。それは、居酒屋てっぺんの創始者、大嶋啓介さんが実践されている「本気じゃんけん」です。「さ～いしょはグー！！！！」「じゃん、けん、ホイ！！」と大きな動作、大きな声で行います。そして、その後は、勝とうが負けようが「よっしゃ～！！！！」と両手のこぶしを天高く上げ、上を向いて叫びます。すると、自然に脳の状態は引き上げられるのです。ただし、言うまでもなく、導入には注意が必要ですが…！

何でも話せる安心をつくる

真に話し合いのできる学級は「質問」、そして「反論（自分の意見が伝えられる）」ができる学級なのです。

レッスン

　安心して議論ができる学級をつくるために、「質問スキル」を子どもたちに伝えましょう。ペアトークなどを行う際に、子どもたちが質問スキルを知っていると、ぐんと話し合いが深くなります。

　質問スキルはとても簡単です。いわゆる「5W1H」で質問をさせるのです。「何を」「どこで」「だれと」「なぜ（どうして）」「いつ」「どうやって」を質問化して使えるように、ペアトークなどで練習する時間を取りましょう。

point

安心して議論のできる学級をつくる！！

心理的アプローチ

アサーティブ

説明

　アサーティブとは「相手のことを考えながら自分の伝えたいことを伝える」という理論です。日本人の傾向として「相手のことを気遣って自分自身を抑える」という傾向があります。それはとても尊いことですが、それを尊重しすぎるあまり、本当の思いを伝えることに億劫になってしまうこともみられます。それでは、いつまでも本当の信頼関係は生まれないのかもしれません。「相手を最大限尊重しながらも、自分の伝えたいことを伝える」というトレーニングを小学校の間から訓練しておきたいものです。

　「ケンカのないクラス」「落ち着いたクラス」などというと、自分たちの言いたいことはガマンするようなイメージをもつのではないでしょうか？もちろん、何の意味もないケンカや言い合いには価値はありませんが、真に学級のことを考えていたり、学習のことを考えていたりすれば、議論がある方がよりレベルの高い集団といえます。そのときにクラスで共有しておきたいのが、アサーティブの考え方です。「議論は決して悪いことではない」ということを、できるだけ早くに学級内で確認しておきたいものです。

第 4 章

学級の行動を高める

行動には「静」と「動」がある

学校にはたくさんの活動がありますが、それらの活動は「静」と「動」に分けて考えることができます。

レッスン

　学級での「静」の時間を意識してみましょう。読書タイム、自分の意見を一人で書く時間、道徳科や国語科の範読（読み聞かせ）、先生の語りの時間、一人ひとりの発表を聞く時間などなど。シーンとした時間が学級の集中力を高めます。

　また「動」の時間も大切です。元気よく音読する、歩き回って活動するグループ学習の時間（外国語の練習時間や意見交換の時間）など、たくさんの「動」の時間があります。「動」の時間は「静」の時間と組み合わせるからこそ、効果が発揮されます。

point

あらゆる場面で「静」と「動」を組み合わせてみよう。

歴史的アプローチ

静動一如

説明

「静動一如」とは、今でいわれている「静」と「動」のことで、剣術家、宮本武蔵はこの言葉を好んだといわれています。孫子の兵法でも「静かなること林の如く、動かざること山の如し」といわれています。武将、武田信玄も風林火山の旗印にしていました。古来大切にされている「静」と「動」ですが、これらをうまく組み合わせることで、パフォーマンスを向上させることにも期待ができます。

　学級経営や授業の中で「静」と「動」を意識してみましょう。朝、静かに読書タイムでスタートした後には、「クラスみんなとハイタッチをしよう！」などのアクティビティを取り入れて朝のあいさつ場面を盛り上げる。元気いっぱいに一斉音読をした後には、静かに漢字の学習を取り入れる。そんな風に「静」と「動」を意識していろいろな活動を組み立ててみます。すると、子どもたちの集中力が向上します。集中力が向上すれば、当然、学力向上も期待できるのです。

行動の一番の基本である姿勢づくり

どんなことでも「構え」が必要です。では、学習における
「構え」とは何でしょうか？それは、「姿勢」です。

レッスン

「姿勢」を子どもたちにしっかりと教えましょう。姿勢とはもちろん
「立腰」です。腰をシャンと立てること、これをきちんと子どもたちに
伝えましょう。よい勉強はよい姿勢からです。

姿勢の教育はなかなか時間がかかります。子どもたちもはじめはとて
も辛いです。そんなとき、横山験也先生（元小学校教師）は「辛抱我慢
も七日か十日、己に克つ」と子どもたちを鼓舞して、習慣化されていま
した。

point

「立腰」を学級の習慣にしよう！

心理的アプローチ

立腰

説明

　立腰とは、「りつよう」と読みます。読んで字のごとく「（座っている間に）腰を立てる」ということです。

　立腰を広めた教育者、森信三先生は「腰骨を立てるということなんだ。性根の入った人間になる極秘伝は、朝起きてから夜寝るまで常に、腰骨を曲げんということだ」という言葉を残されました。また立腰には、1. やる気が起こる 2. 集中力が研ぎ澄まされる 3.持続力がつく 4. 頭脳が明晰になる 5. 勉強が楽しくなる 6. 成績もよくなる 7. 行動が俊敏になる 8. バランス感覚が鋭くなる 9. 内臓の動きがよくなる 10. スタイルがよくなる、などたくさんの効果が期待できます。

　姿勢が整っていなければ、どれだけ優れた授業を実践したとしても、その子の中に入ることはないでしょう。「受け」の準備ができていないからです。私は数年前から学級に「立腰」を取り入れました。すると、いつも入り込みをしていただく先生から「先生のクラスは姿勢がいいですね」と言われるようになりました。私の授業はかなり自由度が高いです。しかし、そんな実践だからこそ、基本的な構えとなる姿勢をとにかく大切にしたいのです。

3

「返事」「あいさつ」「はき物そろえ」の 行動を徹底する

学級では、どんなしつけに取り組んでいますか？「これだけ は絶対に外せない」という3つのしつけをお伝えします。

レッスン

学級では「返事」「あいさつ」「はき物そろえ」をきちんと教えましょう。そのためには、まずは、先生から行動を正していくことです。特に「あいさつ」は先生の方からどんどんとしかけていくようにしましょう。

「返事」の指導で有名なのが、国語授業名人、野口芳宏先生の指導です。野口先生は「『はい』のあとに、小さな『っ』を入れて『はいっ！』と返事しなさい。」と指導されました。黒板に実際に書いてやり、返事をさせます。驚くほど子どもたちの返事がよくなります。

point

「躾（しつけ）」とは、「身を美しくする」と書く ことを子どもたちにも語りましょう。

実践家アプローチ

返事・あいさつ・はき物そろえ

説明

　哲学者であり、教育学者であった森信三先生は「躾の三原則」として、次の３つを提唱されました。「返事」「あいさつ」「はき物そろえ」です。これを「つ」のつく歳までにしつけるべきだと言いました。「つ」がつくとは「九つ」つまり、９歳までというわけです。森先生は、この３つができるようになれば、他のしつけはできるようになると言いました。「朝、必ずあいさつをする子にすること」「呼ばれたら必ず『ハイ』とはっきり返事のできる子にすること」「はき物を脱いだら必ずそろえ、席を立ったら必ず椅子を入れる子にすること」ということです。

　若い先生方は、きっと「わっ」と驚くような実践、子どもたちが輝くような実践に心惹かれることでしょう。しかし、どんな実践家も根底となるしつけの部分をとても大切にされています。子どもたちが自由に、ダイナミックに動き回るには、行動の基礎・基本が欠かせません。その基礎・基本のひとつが「返事・あいさつ・はき物そろえ」なのです。優れた先輩の学級の靴箱をぜひ覗いてみましょう。

最高の「挙手」を指導する

> 普段何気なく取り組ませている「挙手」にもレベルがあります。レベルの高い挙手をさせるには、どうすればいいのでしょうか？

レッスン

　ここでも、野口芳宏先生の指導場面を取り上げます。野口先生は飛び込みで授業をされるほとんどの場合で「挙手の指導」を行います。子どもたちの挙手の仕方がイマイチであった場合は、少しでもよくしていくためです（野口先生は「授業は向上的変容の連続的保障」がなければならないといいます）。

　野口先生が指導した途端、子どもたちは一気に集中モードに入ります。教室に心地いい緊張感が生まれます。それは、全員が挙手という行為で「成長」を実感できたからです。こうした挙手を常日頃から求め続けなくてはいけません。

point

1日に何度も行う「挙手」だからこそ、ていねいな指導を心がけましょう！

実践家アプローチ

森信三先生、挙手の指導

説明

　本項でも森信三先生の登場です。森先生は、学校生活における基礎的行動に対して多々提唱されました。そのうちのひとつに「挙手の指導」があります。森先生の挙手指導は次の通りです。「ひじは曲げるのではなくあげる」「指先をそろえてあげる」「素早くあげる」の3つです。このように挙手することで、行動がシャキッとし、集中力を高める効果があります。

　「挙手をする」という行為は、年間で数えきれないくらい行うでしょう。子どもたちが何度も行為する「挙手」については、ていねいに子どもたちに教えてあげたいものです。ここで、よくない習慣がついてしまうと、それが積み重なってしまいます。

　行動がよい方向へ向かうからこそ、心もよい方向へと向かっていくのです。小さな行為を大切にしましょう。

「時」を守る行動の大切さを伝える

> 時間だけはだれにでも平等です。どれだけ能力の優れた人で
> も、時間を変えることはできません。そんな「時間」に迫って
> みましょう。

レッスン

　チャイムが鳴ったと同時に、授業を始めていますか？授業のチャイム
が鳴った瞬間に授業を終えていますか？学級の中で時間感覚を研ぎ澄ま
すのなら、まずは、教師が授業の始めと終わりをきちんと守ることから
始めます。

　学級を高めていくための要素として「時を守る」ということは、欠か
すことはできません。教師が時間をきちんと守り続ければ、子どもたち
は必ず時間を守ります。そして、どんどんと時間感覚が研ぎ澄まされて
いきます。時間に鋭くなった子どもたちは、時計を見てどんどんと動い
ていくようになります。

point

授業の始めと終わりの時間を守り続けよう！

実践家アプローチ

時を守り、場を清め、礼を正す

説明

　「時を守り、場を清め、礼を正す」という言葉についても森信三先生は、これを「職場再建の三原則」としました。実際には、企業でも取り入れられ、業績を伸ばした例もあります。この言葉をスローガンとし、徹底したことで、荒れた中学を立て直したという例も多く聞きます。それほど、この言葉で紹介されている３つの要素は大切なのです。

　この言葉のうち、最初に来ているのが「時を守り」です。時間を守るには、何の準備も必要ありません。だれでも、いつでも取り組むことができます。しかし、よほど強い意志をもっていなければ、すぐに気が緩んでしまいます。これは、大人も子どもも関係ありません。始めと終わりの時間をいつも意識する必要があります。「時を守り」が実践できるようになったとき、先生にも子どもにもよい緊張感のある生活を始めることができるでしょう。

6

机の上の状態が子どもたちの行動に影響を与える

子どもたちの行動に影響を与えるのもの、それは子どもたち
の机の上です。机の上は脳内の状態を表しているといえます。

レッスン

　学級が始まって間もなくの４月は、子どもたちの机の上の環境についてもきちんと指導してあげましょう。「机の上がきれいな人は勉強ができるようになります」と言ってもよいでしょう。今、机の上に何が必要なのかも４月は逐一言ってあげる必要があります。

　また、机の上の指導をするのであれば、先生の机の上も整理整頓されている状態であることが基本です。子どもたちの正しいモデルとならなくてはいけません。常日頃から、自分の机の上の状態を整えるように意識しましょう。

point

子どもたちの机の上と同様、先生の机の上もいつも意識しよう！

心理的アプローチ

作業興奮

説明

　整理整頓をする目的のひとつとして「学習に集中する」ということがあげられます。ある調査では、日本人は探しものに費やす時間が1か月あたり約76分もあるといわれています。この探し物をする時間が脳に負荷をかけます。必要のない負担を脳にかけないためにも整理整頓は必要です。さらに、整理整頓には「作業興奮」という効果があります。机の上を整えること自体が、かんたんな作業となり、脳に適度な興奮を与えてくれるのです。この作業興奮が次の活動への集中へとつながっていきます。

　子どもたちの机の上の状態は、子どもたちの脳内の状況を表しています。前の時間の学習道具が出ていたり、関係のないプリントが出ていたりしている状態では、学習に取り組む以前の問題が生まれてしまいます。ある先生は筆箱さえもしまわせ「鉛筆、赤鉛筆、消しゴム、定規」の4点を机上に出すことを基本としていたのです。

毎日する音読を大切にする

音読を「ただ読むだけ」と捉えていませんか？　音読は学級
づくりにも学力向上にもとても役に立つものです。

レッスン

　1日のうち、何回、一斉音読をしていますか？どんな教科であれ、「みんなで声をそろえて読む」という指導をしていることと思います。教科書を読む、黒板に書かれているものを読む、資料を読む、とにかく「一斉音読」の機会は教室で多くあります。

　この「声をそろえて読む」ことを大切にしましょう。心地のよい声で読む、元気のよい声で読む、すらすらと読む、静かに読むなど、いくつもの読み方を知っておくだけで、一斉音読の種類を増やすことができます。いろいろな音読を実践することで、学級の声をつくっていきましょう。

point

日々行う一斉音読を大切にする！

心理的アプローチ

シャウティング効果

説明

　「シャウティング効果」とは、声を出すことで人のパフォーマンスを上げることをいいます。一番の例として、スポーツ選手が挙げられるでしょう。ハンマー投げの選手が投げるときに「アアアアア！！！」と大きな声を出します。こうして声を出した方が、選手のパフォーマンスが上がることが知られています。「声を出す」ということが、人の能力を引き上げてくれるのです。

明るく活気づく!!
集中力up!!
仲よくなる!!

　優れた実践家の学級では「声を出す」ことが取り入れられています。中でも1番取り組みやすいのが「音読指導」です。音読指導といえば、兵庫県の小学校教諭であり「なにわのオンドッカー」である佐藤隆史先生が有名です。教材を活用した音読は、子どもたちに集中力を与えるだけでなく、学級を知的にもしてくれます。また、その子一人ひとりの音読があり、ちがいを認め合うことにもつながります。学級ならではの「声づくり」にも取り組むことができます。

8 ボランティアのチャンスを取り上げる

「人の役に立つ」チャンスをどんどん子どもたちに与えてあげましょう。子どもたちは「役に立ちたい」と強く思っているのです。

レッスン

　ノートやプリントを提出する、実験器具を取りに来る、班で発表する、代表者が意見をまとめて言う、などなど…。学級には、様々な「仕事」と呼べる場面が多くあります。その仕事の場面をただの作業にしてはもったいないです。ボランティアの時間へと変身させてしまうのです。

　どういうことかというと「では、班で提出したい人が提出しましょう」「やりたい人○人までです。だれかやってくれませんか」など、自分から進んで取り組む機会に変えてしまうのです。こうした「小さなボランティア運動」を少しずつ進めることで、子どもたちが自分から動き出すようになってくるのです。

point

教室の中で小さなボランティアのチャンスを散りばめよう！

心理的アプローチ

ボランティアの語源

説明

　ボランティアは英語で「volunteer」となります。もともとの意味は「自発的な」という意味で、日本で捉えられているような「奉仕」という意味はありません。語源から考えると、強制的や制度的にボランティアに取り組むというのは少し筋がずれてしまいそうです。しかし、「自発的にするという経験」は重要なことです。そのような体験はどんどん子どもたちにさせるべきでしょう。

\\ ボランティアやりたい //

ボランティア
\\ お願いします //

　何も意識をせずに教室で過ごしていると「やりなさい」「出しましょう」など、こちらから行動を指示してしまうことが多くあります。子どもたちはこうした指示を疑いなく聞いてくれますが、それでは、子どもたちの成長はプラスにもマイナスにもなりません。そこで、私が考案したのが、「小さなボランティア運動」です。学級で過ごしていると、様々な作業場面に出合います。その場面をどんどんボランティア運動へと変えてしまいましょう。

第 **5** 章

学級のつながりを
強める

授業で話しているのはだれか？

「授業の主役は子どもである」とよく言われます。では、実際、その主役はどれくらい授業場面で活躍しているのでしょうか？

レッスン

授業中、教師の発言と子どもの発言の割合はどれくらいでしょうか？どれだけ「学級でつながりをつくろう」と言っても、授業で子どもたち同士の会話がなければ、子どもたち同士のコミュニケーションの量を確保することは難しいでしょう。

まずは、授業での教師の話す量を削りましょう。TOSS代表の向山洋一先生は「教師の言葉を9割削れ」といいます。まず、思い切って削ってみるのです。教師が話さなくなった分は子どもたちが話します。そうすると、自然に子どもたち同士のコミュニケーションの量は増えていくでしょう。

point

教師の言葉を9割削り、真に子どもが主役の授業をつくろう！！

心理的アプローチ

極端な問い

説明

　コーチングスキルのひとつに「極端な問い」があります。私たちの思考は、問いによって大きく左右されます。それは、「脳は空白を埋めようとする」という機能が働くためです。1時間かかる仕事を「15分で終わらせて」というと、人は、15分間で終わらせようと工夫をするようになります。先述の向山先生の「教師の言葉を9割削れ」は、まさに極端な問いで授業の工夫を促す優れた問いといえるでしょう。

　教師の言葉を9割削ろうとすると、本当に必要な説明のみ端的に示すこととなります。大部分を説明しないので、子どもたちが活動の中で気が付いていくような仕組みをつくらなくてはいけません。どのようなことを通して、子どもたちは新たな学びを手に入れていくのか、どのような学習形態で取り組むのか。こうしたことに真剣に目を向けるからこそ、子どもたちが学習者として参加できる授業が生まれるのです。

つながりはコミュニケーションの量で決まる

子どもたちのつながりは、どのようなことを通して深まっていくのでしょうか。そんなメカニズムをお伝えします。

レッスン

仲のよい学級にしたいと思う人は多いでしょう。では、どのようにすれば、学級は仲よくなったという状態を生み出すことができるのでしょうか。その大きなヒントとして、右ページに紹介している「ザイオンス効果」があります。

右ページの説明通りですが、とにかく「接する回数を増やす（会話など）」がポイントです。つまり、先生が子どもたち同士の接点を増やすような取り組みを意図的に仕掛ければよいのです。授業中、休み時間、給食時間、掃除時間でいろいろな工夫を考えてみましょう。

point

あらゆる場面で、子どもたち同士の接点をつくろう！

心理的アプローチ

ザイオンス効果

説明

　ザイオンス効果とは、アメリカの心理学者ロバート・ザイオンスが発表したものです。ザイオンスは、「人は、同じ人やモノに接する回数が増えるほど、その対象に

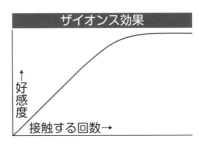

対して好印象をもちやすくなる」ということを実験で確かめることに成功しました。たとえば、「特定の人物の写った写真を数パターン被験者に繰り返し見せていった際、被験者は頻度の多かった写真の人物に好印象をもつ傾向がある」ということを実験で確かめたのです。

　休み時間に「みんな遊び」に取り組んでいる先生は多いでしょう。その効果として、全員が一緒に遊び、クラス全体との接触回数をカウントできるという点があります。しかし、「みんな遊び」だけでは、個別の接点は少ないといえます。「班遊び」や「○○グループ遊び」など、いろいろなパターンの組み合わせとなるように仕掛けてみます。給食当番やそうじ当番などでも工夫が可能です。たとえば、日ごとにくじ引きをして、毎日、担当する仕事を変えるようにします。当番活動はひとりでは行わないので、たくさんの友だちと接触することができます。

ストロークで学級のつながりを強める

> ストローク（自己および他者の存在を認める働きかけ）にはどんな種類があるのでしょうか？子どもたちにもきちんと伝えましょう。

レッスン

　子どもたちにどんなストロークを使えばいいのかをきちんと指導してあげます。すると、子どもたちも安心してストロークを扱うことができます。私がよく教えていたストロークは「握手」「拍手」「ハイタッチ」です。リズミカルな語呂合わせで、子どもたちとも共有しやすいことが特徴です。

　これらをシステムとして導入しておくことがポイントです。「だれかが拍手をしたら拍手をする」「朝、出会ったらハイタッチをする」「話し合いが終わったら握手をする」などです。システムとして機能することで、だれもが安心してストロークを送り合うことができるのです。

point

ストロークをシステムに組み込もう！

心理的アプローチ

ストロークの種類

説明

　ここでは、ストロークの種類についてご紹介します。ストロークは、大きく３つに分けることができます。

＜①肉体的なもの＞

肌のふれあい、なでる、さする、抱擁する、握手する

＜②心理的なもの＞

心のふれあい、ほほえむ、うなずく、（相手の言葉に）耳を傾ける、受容する、共感する

＜③言葉によるもの＞

ほめる、なぐさめる、はげます、語りかける、あいさつをする

　あくまでも一例です。ストロークを提唱したエリックバーンは「他者の存在を認識するすべての行為」としています。

　よい授業の土台には、よい学級づくりがあります。では、よい学級にするための土台は何か。それは、プラスのストロークの量で決まります。

授業に『学び合い』を取り入れる

『学び合い』を知っていますか？　学び合いを知り実践する
と、これまでの授業観が大きく変わることでしょう。

レッスン

　授業中、子どもたちは自席から移動してもよいことになっていますか？「授業はきちんと座って受けるもの」という考えをいったん捨てましょう。学習に取り組んでいるのは子どもたちです。子どもたちが能動的になることが許されるからこそ、主体的になっていくのです。

　ただ、大きな自由を活用するには「基本姿勢」を習得していることが望ましいです。つまり、P.68で紹介した「立腰」です。腰がきちんと立った状態で学び合うからこそ、さらに効果が発揮されるのです。自由な中でも姿勢指導には、きちんと取り組みましょう。

point

『学び合い』というダイナミックな授業だからこそ「立腰」を！

心理的アプローチ

『学び合い』

説明

　『学び合い』は上越教育大学教授の西川純先生が提案した学習方法。
『学び合い』は、子ども同士で教え合い、自発的に学習に取り組む授
業です。まず授業の最初5分間程度を使って、「本時の学習について」
や「達成すべき課題」が説明されます。その際、学習に取り組むため
の方法や教師の願いが伝えられます。（『学び合い』では「一人も見捨
てない」「全員が課題を達成することが大事」の2点を繰り返し、子
どもたちに伝え続けていきます）

　その後は、まず、自分で問題を解き始めます。そして、時間が経つ
につれ、わからない子がわかる子に聞きに行ったり、わかる子がわか
らない子に気付き、教えに行ったりします。その際、子どもたちは自
分自身や机を自由に移動させて構わないことになっています。

　「○○さん、腰を立てて座りましょう」と、『学び合い』中によ
く言っていました。腰が曲がると心も曲がります。そうなると、
せっかくの自由を本来の意味で活かしきれなくなってしまいます。

5

傾聴スキルを教える

> 「対話的」と聞くと話す姿をイメージする人が多いでしょう。
> しかし、大切なのは「聞く側」なのです。

レッスン

　「傾聴三原則」があります。それは、「視線」「あいづち」「うなずき」
です。この３つを意識して相手の話を聞くのです。実際に「昨日の晩ご
はん」というテーマで「傾聴三原則」を教えて子どもたちに話をさせて
みましょう。「聞くトレーニング」をさせるのです。

　その際、必ず「話し手」「聞き手」と、役割を決めて実施します。役
割と時間を決めて（１分程がよいでしょう）行うようにしましょう。子
どもたちは、「聞き手」という役割をほとんど意識したことがありませ
ん。きちんと役割とすることで、聞く意識を高めます。

point

「傾聴三原則」を教え、聞く意識を高めよう！

心理的アプローチ

傾聴

説明

　傾聴とは、カウンセリングやコーチングで使用されるコミュニケーションスキルの一種。ただ聞くだけでなく、相手の話を深く聴いたり、話し方や表情、姿勢、しぐさといった言葉以外の部分に注意を払ったりして、相手を理解しようとするスキルです。傾聴では「相手を受け入れること」「話を聞いてその通りだと共感すること」が重要です。NLPでは「相手の世界観を最大限に尊重する」といいます。相手を丸ごと受け入れようという意識で、相手の話にじっくりと耳を傾けます。

| 視線 | あいづち | うなずき |

　話す指導をするときに、絶対にしなければいけないのが「聞く指導」です。40人学級であれば、1人が話しているときは、39人が聞いているのです。圧倒的に聞く場面の方が多くなります。何の表情もなく、何の反応もない聴衆に話をすることほど、辛く、難しいものはありません。子どもたちの意見を出すことを大切にするのであれば、それ以上に聞くことを大切にした指導をしましょう。

6

子どもたちの話し合いのレベルを高める

> 「話す」という活動はスピーディであり、ダイナミックです。子どもたちの話し合いの力が高まれば、学級の力も高まっていきます。

レッスン

　学級では、話し合いの機会がたくさんあります。なので、学級できちんと話し合いの仕方を教えておく必要があります。本ページでは「ブレインストーミング」をお伝えします。こうした話し合いの仕方をきちんと教え、共有しておくことが大切です。

　「運動会をどのようにして取り組むか」「学習発表会でどんなことを伝えたいか」こんなことを子どもたちときちんと話し合っていますか？職員室で先生方と話すこともももちろん大切なことですが、こうした機会にきちんと子どもたち同士で話し合いの時間を取るようにしましょう。

point

話し合いの仕方を教え、話し合いの機会をきちんととろう！

心理的アプローチ

ブレインストーミング

説明

　ブレインストーミングとは、グループなどで議論を交えることで、偶発的にアイディアを生み出そうとする方法のひとつです。省略して「ブレスト」と言われることもあります。人は、会話を重ねているときに脳が活性化するともいわれています。その状態をグループなどで会話することを通して生じさせ、新たなアイディアや問題解決方法を探ろうとするのです。近年、学級でもグループ活動が多く取り入れられるようになりました。その際に、どういった効果があるのかを知ってからグループ活動に取り組むようにすると、一歩踏み込んだグループ活動を実施することができるようになります。なお、ブレインストーミングをするときの約束として「他人の意見への批判は禁止」「自由に発言」「たくさん意見を出す」「アイディアを積み上げる」「意見をまとめようとしない」などがいわれています。

　ブレインストーミングでは、「たくさんの意見が出せる」「多様であり意外な意見を出すことができる」「コミュニケーションを活性化できる」「先入観、固定概念から解放される」というメリットがあります。子どもたちのダイナミックな話し合いを、先生はしっかりと受け止めてやり、そして、楽しんでやりましょう。子どもたちは、先生のそうした態度や姿勢を見て、話し合い活動に自信をもち始め、みるみる話し合うことのレベルを高めていくことでしょう。

反対意見が出るクラスこそ本物

反対意見が学級に出てくることにおびえてはいませんか。子どもたちから反対意見や質問が出るということは本物のクラスに近付いている証拠なのです。

レッスン

　学級内に反対意見や質問が出ることに子どもたちはおびえているものです。反対意見や質問が出ない方が、安全ですし、安心です。しかし、それでは、クラスは次のステージへと進みません。子どもたちに、反対意見が出ることや質問が出ることのよさを伝えましょう。

　また、よさを伝えるだけでは、子どもたちから反対意見や質問が出ることはないでしょう。それは、スキルを知らないからです。特に、反対意見の出し方については指導してあげましょう。それは、一朝一夕で身に付けるものではなく、授業内の話し合い活動などで徐々に培っていくものでもあります。

point

反対意見の価値とスキルを伝えよう！

心理的アプローチ

共創タイプ

説明

　コーチングのチーム作りにはレベルがあるといわれています。

レベル1　孤軍奮闘タイプ

レベル2　仲良しタイプ

レベル3　共創タイプ

　当然、レベルが高まっていくにつれ、集団としての熟成は進んでいるといえます。一番高いといわれている「共創タイプ」とはどんなものでしょうか。共創タイプとは、チーム、メンバーが自分の役割を理解し、役割を果たすだけでなく、お互いにコミュニケーションを取ることで、刺激し、高め合い、新しいものを創造していきます。話し合いの際に「もっとよいものにできる」「○○さんは、ちがう役割の方がもっとよいんじゃない」など、これまでにあるスタイルを壊し、新たなものを生み出すことのできる集団の状態をいいます。個々が、認め合い、磨き合っている状態といえます。

　反対意見のスキル指導の第一歩は「でも」「しかし」「そうなると」など、逆接と呼ばれる接続詞をつけて自分の意見をつくることです。接続詞により、次に生み出したい思考を出すことができます。そうした機会を学級の話し合いだけでなく、社会科や理科、国語など、あらゆる教科で取り組むようにしましょう。

8

ただ「いる」だけで
安心できるクラスになっているか

**「自分はここにいるだけで安心だ」と、先生も子どもも言う
ことのできるクラスになっているでしょうか？**

レッスン

　一人ひとりの子どもにとって「このクラスがどんな居場所になっているのか」ということを想像してみましょう。教室環境の視点ではどうか、友人関係の視点ではどうか、先生とその子の関係ではどうか、学習という視点ではどうか、これらの視点で、その子の状態を思い浮かべてみるのです。

　それらを想像したときに、いろいろな課題が見つかることでしょう。すると、「さらにどんな居場所づくりを目指せばいいのか」が見えてくるはずです。教室は「また明日もここに来たいな」と子どもたちや先生が思える場所であることが理想です。ぜひ、安心できる居場所づくりに努めてください。

point

子ども達一人ひとりにとって、どんな居場所なのかを想像しよう！

心理的アプローチ

居場所

説明

　私たちが何気なく使っている「居場所」という言葉は心理学の世界で見ると、少し複雑化します。ある学者は「居場所とは、『私』と『ひと・もの・こと』との相互規定的な意味と価値と方向の生成によってもたらされる『私』という位置である」としています。また、「居場所が関係性を前提にするものである」とする意見や「関係性を居場所の要素のひとつ」として捉える考えもあります。「居場所を関係性の中で自分の位置と将来の方向性をその時々で確認できる場」とし、関係性から生まれる社会的位置づけについても居場所の要件とするものもあります。ただ、私たちは、電車に乗った際に自分の位置が決まらなければ落ち着かないし、職場で自分の席がなければ落ち着きません。居場所とはそういうものなのです。

　いろいろなことに挑戦したい先生にとって「ただいるだけ」という静的な捉えに耐えられないという方もいるでしょう。しかし、様々な新しいチャレンジを目指す中で忘れてほしくないことがあります。それは「（子どもにとっても、先生にとっても）ただいるだけで安心」というクラスの尊さです。人は、ただ「いる」だけという状態が続くと、いずれ「する」という行為に出ます。しかし、それは「いる」が満たされてこそです。子どもたちは、そして、先生は「今、そのクラスにいるだけ」でも満足感を得られているか、時々問い直してみてほしいです。

第 6 章

学級の心を育む

まずは先生の心を育む

子どもたちの心を育むためには、どうすればいいのでしょうか?まず間違いなく必要な作業として「先生の心を育む」ということがあります。

レッスン

　先生自身の心を育むためにはどうすればいいのでしょうか。それは、野口芳宏先生が提唱されている「素材研究」に取り組むことです。そして、1年に1度は研究授業に取り組むことです。その際に「教えるためではなく、ひとりの人間として教材と向き合う」という素材研究をするのです。

　素材研究をすることで、小学生や中学生が学ぶ教材からもたくさんのことを学ぶことができます。教材研究をしているうちに、「あれ?」と思うことや「おや?」と思うことがあるでしょう。それらの先生の疑問を、そのままにせずに、きちんと調べるということを積み重ねるのです。

point

素材研究と向き合おう!

心理的アプローチ

EQ（心の知能指数）

説明

　EQはアメリカの心理学者、ダニエル・ゴールマン氏が1995年に著書で提唱したことがきっかけとなって広まりました。ダニエル氏は、この概念を

・「自己認識」

・「自己管理」

・「社会的認識」

・「人間関係管理」

　という、4つの"感情的能力"に分類しました。したがって、感情的知性とは、自分と他者についての認識を深め、感情と思考のバランスをうまくとることができる能力のことです。この能力を活用することで、意欲・持久力・向上心・創造性などを得ることができ、目標の実現に役立てられるといわれています。

　「子どもたちに教えるためだけの教材研究」では、いつまでも深みと厚みのある授業はできるようにはなりません。それは、レベルを「小学生（中学生）が理解できる範囲」に限定しているからです。4つの感情的能力を念頭に、毎回の授業は無理だとしても、1年に1度は、自分が納得のいくまでとことん調べる機会を設け、自身のレベルアップにつなげてください。

自分の本音を子どもたちに語る

先生の心から湧き上がる「感情」はとても大切な教育の要素です。ぜひ、子どもたちに伝えられるようになりましょう。

レッスン

　子どもたちと過ごしていると、いろいろと心を動かされることが多くあるでしょう。感動すること、驚くことなどのプラスの感情や、悲しくなること、怒りに襲われるといったようなマイナスの感情などです。プラスの感情もマイナスの感情もどちらも大切な感情です。

　そして、それらの感情を伝えるべきと判断したときには、ぜひ子どもたちに先生の言葉で伝えてあげましょう。うまく伝える必要はありません。ていねいに伝えればよいのです。ただし、感情にまかせて怒り狂いながら…ということはあってはいけません。相手のことをきちっと考えて伝えるようにしましょう。

point

自分の感情を子どもたちに届けよう。

心理的アプローチ

オープンマインド

説明

　オープンマインドとは、その言葉の通り「自分の心を開く」という意味で使われる言葉です。本当の信頼関係は心の窓を開いた状態でなければ生まれません。また、目標を達成しようとしたり、協力して同じことを取り組もうとしたりするときにも、心を開いた状態でお互いの意見を受け止め合えるような関係でなければ成果を上げることも難しくなるでしょう。

　オープンマインドの状態ができれば、自分の思うことを表現できたり、相手の表現を受け入れたりすることができます。ぜひ、そんな状態を学級でも目指していきましょう。

　「子どもたちに本音を語る」ということは、とても大切な指導技術です。どれだけ文明が進化しても、教育は人と人との営みです。「人は人によって人になる」というカントの名言もあります。先生の子どもたちへの語りがとても大切な機会です。ただし、「子どもたちの思いを聞く」ことを忘れないようにしましょう。子どもたちの思いを無視した語りを積み重ねるだけでは、本当の教育は実現しません。

叱る基準をはっきりと示す

> どんなことで叱るのかを子どもたちに伝えていますか?子どもたちに叱る基準を伝えることで、先生にも効果があるのです。

レッスン

　新学期、子どもたちに「叱る基準」をきちんと話していますか?子どもたちにとって「どんなことで叱られるのか」ということは、すごく気になることでもあります。また、保護者も「我が子はどんなことで叱られるのか」ということは、気にするところでしょう。

　授業名人の野口芳宏先生は、叱る基準として次の3つを子どもたちに示していました。「命にかかわるような危険なことをしたとき」「友だちを傷つけたとき」「同じことを3度言っても聞かないとき」の3つです。こうしたことを子どもたちと共有しておくことで、先生も叱りやすくなり、子どもも叱られやすくなるのです。

point

叱る基準を子どもたちに示そう!

マネジメント的アプローチ

グランドルール

説明

　グランドルールとは、その集団内や今から始めようとするディスカッション内にルールを設けることです。このルールは、リーダーが示し合意を取ることもあれば、参加するメンバーがルールを出し合い、確認し合う場合もあります。リーダーが示しメンバーが調整するという場合もあるでしょう。学級内でも集団としてのグランドルール（いつでも守るもの）と限定されたグランドルール（話し合いの際のルールなど）が存在します。今からする活動のグランドルールは必要かなど、いつも意識しましょう。また、あえて「グランドルールを設定しない」という方法もあることを選択肢の一つとして知っておきましょう。

　人間は弱い生き物です。自分の感情をコントロールすることも、簡単なことではありません。そこで、このように「叱る」という行為を明確化しておくことで、自分自身を律することができるのです。

　ただし、「叱る」と「注意する」ということは別であることを認識しておきましょう。授業中におしゃべりをしている、宿題を忘れる、こうしたことにはきちんと「注意」をし、3回聞かなければ「叱らなければいけない」こととして押さえておくようにしましょう。

「叱られ方」を指導する

子どもたちに「叱られ方」を指導している先生は少ないこと と思います。しかし、叱られ方もきちんと指導しましょう。

レッスン

何度も本書で登場する野口芳宏先生の叱る指導にとてもユニークなものがあります。それは「子どもに叱られ方を指導する」というものです。よく考えると、子どもたちは何度も叱られた経験はありますが、「叱られ方」を教えられたことはありません。

野口先生は次のように叱られ方を指導しました。①（叱られたことを）認める・受け止める、②反省「～が悪かったです」、③謝罪「ごめんなさい」、④改善「次からは～します」、⑤感謝「叱ってくださってありがとうございます」 ぜひ、この流れを子どもたちに伝えてあげましょう。

point

「叱られ方」を指導する！！

心理的アプローチ

心のコップ理論

説明

　心のコップ理論は、原田隆史さんの言葉。原田さんは次のように言います。

　私は、「人は2種類」だと考えています。それは、「心のコップが上を向いているか、下を向いているか」ということです。心にはコップがあります。心のコップが上を向いている人は、まわりの人の話や学んだ内容、自分に起きたよいことも悪いことも、水を注ぐがごとく、そのコップにどんどんと注いでいきます。コップが上を向いている人は、生き方や態度・考え方が素直で、前向きで、真剣です。反対に、心のコップが下を向いている人もいます。こういった人たちは、まわりの人のせっかくのアドバイスも耳に入りません。下を向いたコップに水を注いでもこぼれるのと同じで、自分に起きたよいことも悪いことも、吸収できません。いつも何かに対して不満をもっていて、考え方が後ろ向きで、やる気がもてません。

　上記の原田さんのお話は、そのまま子どもたちに伝えてやってもいいでしょう。コップというだれもがわかる例えで、子どもたちにもすっと入ります。話をした後は、叱る前に「心のコップは上を向いている？それとも下？」と聞き、子どもたちの心の状態が上を向いていることを確認してから、大切な話をするのもひとつの方法です。子どもたちの「叱られ方」をもう一歩、レベルアップさせることができるでしょう。

コーチング的叱り方で自発性を育む

子どもたちを叱る、とはどういったことなのでしょう。目的は、「子どもたちが自ら行動を改善しよう」と思えることではないでしょうか。

レッスン

子どもたちを叱るときに、いくつの種類の叱り方をもっていますか？「こらっ！」と叱ることももちろん大切ですが、子どもたちの自発性を高めるような叱り方ももち合わせることで、指導の幅をうんと広げることができます。

叱り方にもスキルがあります。感情にまかせて子どもたちを叱っても何の効果も得ることができません。右に紹介しているコーチング的叱り方は、子どもたちの自発性を引き出すのにとても有効です。個人を叱るときにも全体を叱るときにも有効です。

point

コーチング的叱り方を取り入れよう！

心理的アプローチ

コーチング的叱り方

説明

　コーチングは「コーチ（引き出す）」の意味合いをもっていますが、コーチングの要素を取り入れて「叱り方」を考えると、どのようになるでしょうか。私は次のようなステップを踏んでいます。

1、今から話できる？（check in）

2、何がいけなかった？（what）

3、どうしたらよかった？（how）

4、この後自分がするべきことは？それでいい？（フューチャーペーシング、といいます。未来の行動について、自分自身がオッケーを出せるかどうかの確認です。あくまでも判断は本人です。イエスがでなければ、再度、未来の行動について、一緒に考えます。）

5、困ったらまたおいで（check out）

　先生がガツンと叱る場面も年間に数回はあろうかと思いますが、いつもその叱り方だけではいけません。子どもたちは「先生に怒られないように」と、避けるように行動し、どこか逃げ道を探すといった行動をするようにしかなりません。自分の行動を改善しようとも思わないのです。コーチング的叱り方を取り入れることで、「自分から変えよう」と思わせるきっかけを与えることができます。ぜひ、コーチング的叱り方を学級に取り入れてみてください。

叱るときの大原則を知る

日々、学校生活で行う「叱る」という行為。叱り方には大原則があります。きちんとおさえるようにしましょう。

レッスン

　子どもたちを叱るときには、絶対に外してはいけない大原則があります。それは、相手の「行為」を叱るということです。「宿題を忘れた」「廊下を走った」などは「行為」です。「罪を憎んで人を憎まず」というところでしょうか。指導の際には「行為」に目を向けてください。

　やってはいけない叱り方は「人格を叱る（否定する）」ということです。「だから○○はダメなんだ」「君の人間性を疑うよ」のような叱り方は、相手の存在を否定しています。すると、「自分はダメな人間だ」とだれもが思うでしょう。叱る目的は相手の行為を改善させること。目的を間違えないようにしましょう。

point

相手の「行為」を叱り、「存在や人格を否定しない」こと！

心理的アプローチ

課題の分離

説明

　叱るときに役に立つ「課題の分離」というものがあります。「課題の分離」とは、目の前で起こっている出来事において誰が困っていて、最終的には誰の責任であるかを明らかにすることを指します。教師と子どもの関係においても、自宅での親子の関係においても、誰の責任であるかを明らかにすることは難しいことです。たとえば宿題を忘れたという場面。宿題に取り組まなかったということは子どもの責任。教師はそれをできるように見守り続けなければいけません。しかし、宿題のやり方がわからないという場合。これは、明らかに説明不足、適切な課題提示ができていないという教師の責任です。このように、「宿題を忘れる」という行為でも、双方の立場で改善すべき点があるのです。

　「子どものせいにしない」という言葉を先輩から習いました。この言葉はある部分では正解であり、ある部分では間違いです。上にあるように、場合によっては子どもの責任も、教師の責任のどちらも存在するからです。しかし、最近は、問題に対し、自身の改善すべき点を見直さない教師が増えたようにも思います。教師のできることは、まず、自分の指導方法を見直すことです。若いときからこうした習慣をつけておかなければ、中堅になって軌道修正するのは、なかなか難しくなってしまいます。

自己評価の習慣をつける

> 学級で「自分を自分で成長させる」というシステムは取り入れられていますか？そうしたシステムを入れて、自己成長の場をつくりましょう。

レッスン

　学級で自己評価の場面を多く入れてみましょう。掃除の後、授業の後、当番活動の後などなど…。子どもたちにふりかえってほしいなぁと思う場面で自己評価させるだけで、「自分で自分を成長させる」力を身に付けていくことができます。

　やり方はとても簡単です。「今日の掃除は4点満点で何点でしたか？何点か指で先生に教えてください」と言って、一斉に自分の点数を示させます。そして「どうしてその点数にしましたか？となりの人に話してみましょう」と言い、理由を自覚させます。

point

「自己評価の場面」を多く取り入れよう！！

心理的アプローチ

自己評価

説明

　自己評価とは、その名の通り自分自身のことを評価することです。評価の方法は記号化や数値化などはっきりとしたものもあれば、文字（文字表現）や言葉（音声表現）もあります。数値や記号などの評価は素早く評価をでき、子どもたちにとっても取り組みやすいものになります。また、文字や言葉などの総合的な評価は、少々時間がかかるものの、じっくりと幅広く自分自身を評価できる側面があります。

　自己評価をくりかえすことで、自分自身を俯瞰的にみる「メタ認知」の能力を伸ばすこともできます。新学習指導要領が施行され「主体的に学習に取り組む態度」の評価のひとつとして「自己調整力」があげられていますが、自己調整力とメタ認知力には密接な関係があると考えています。

　なお、自己評価は、それぞれの人の性格などによって「他者評価と乖離がある」可能性があることも知っておきましょう。

　自己評価の点数を４点満点にしているのには理由があります。それは、「真ん中をつくらない」ということです。真ん中があると、どうしても安易に真ん中の点数をつけてしまいます。それから、「どうすれば４点満点といえるか」「１点の掃除とはどんな掃除か」ということも学級で話し合っておくべきでしょう。そうした共通概念が、学級の成熟へとつながっていきます。

第 7 章

学級が変わる
「教師の話し方」

「教師の話し方」を向上させる

教師は、日々、子どもたちにいろいろな話をします。そのときに「ミルトン・モデル」を活用すると、話し方をうんとアップさせることができます。

レッスン

　子どもたちに話をするときに、どんなことを意識して話していますか？教師は子どもたちに話すことなしに仕事をすることはできません。つまり、教師は「話し方のプロ」でなくてはいけないのです。

　話し方の決め手は「わかりやすさ」だけでは不十分といえます。教師の話を子どもが受け取ることで成立しています。つまり、話し方の決め手は「伝わったかどうか」にかかってくるのです。

自分の話は子どもたちに受け止められたのか、いつも確認しよう。

心理的アプローチ

ミルトン・モデル

説明

　P.37でも紹介したミルトン・モデルには様々なスキルが存在します。そのどれもが、相手への伝え方を効果的にするものばかりです。主な効果として、抵抗なくこちらの意図を伝えることができる、子どもたち自身がこちらの伝えたいことに気付き自発的に動くことができるなどがあげられます。私たちの仕事は「子どもたちに伝える」という場面が本当に多くあります。その伝え方を、ミルトン・モデルを知ることを通してレベルアップしてほしいと思います。ぜひ、本書でミルトン・モデルのスキルをひとつでも試してみてください。

どれだけの成果をねらって話しているか

　日々、何気なく話をしている教師の話し方。1日にすると、どれだけの情報を私たちは子どもたちに届けているのでしょうか。そして、どれだけの情報が子どもたちに伝わっているのでしょうか。コミュニケーションとは、一方的なものではなく、教師と子どもの双方向によって成り立つものです。つまり「相手が受け取った」といえなければ、コミュニケーションは成立したとはいえないのです。次のページより詳しく見ていきましょう。

子どもが安心できる「教師の話し方」

> 「先生は私たちのことをわかってくれている」と思ってくれれば、その信頼は揺るぎのないものとなるでしょう。そんな話し方をお伝えします。

レッスン

「みんなも勉強や習いごと、友だちのことで悩みとか不安があるよね」などと子どもたちに語りかけたとします。この言葉を否定する子どもがいるでしょうか。いたとしても多くはないでしょう。ほとんどの子どもは「うんうん」となります。

このような言葉かけをした場合、子どもたちは「先生は自分たちのことをわかってくれている」と感じるでしょう。そして、「さすが先生だ」となることと思います。時に、先生は子どもたちのことをわかったように話しかけることも大切なのです。

point

子どもたちのことをわかったかのように語りかけよう。

心理的アプローチ

ミルトン・モデル① 「マインドリーディング」

説明

　マインドリーディングとは「相手の心を読むようにして話す」ことです。相手側から見ると「どうしてこの人は自分の心の中が読めるのだろう」と思われますが、「読むようにして」話すので、実際に相手の心を読んでいるわけではありません。

　学級の実際の場面で見てみましょう。

　「みんな、今、（運動会に向けて）壁にぶち当たっているよね」

　こうした表現は実際に私たちも子どもたちの前で話をするような内容でしょう。子どもたちは「そうなんだ」「今、本当に難しいんだ」と思い、「先生はわかってくれている」と安心感をもつでしょう。

　そうして、子どもたちの心を安心させてから、こちらの伝えたいことを伝えることで、より子どもたちの心にとどけることができるのです。

　「子どもたちはこう思っているんじゃないかな」と思ったときには、臆することなく語ってみましょう。もし、「そんなこと思っていないよ」となったときには「そうかぁ、先生はみんなのことをそう思ったんだけどなぁ」と笑いながら返しましょう。「子どもたちのことを考えた」ということは事実であり、その思いは子どもたちに伝わっていくのです。

3

説得力を上げる「教師の話し方」①

説得力を上げる方法のひとつに「事実」＋「メッセージ」があります。この方法を覚えておくと、いろいろな場面で活用することができます。

レッスン

　子どもたちの「事実」と、こちらからの「メッセージ」をつなげることで、説得力を増すことができます。「ノートがきれいに書けているね。どんどん勉強ができるようになるよ」「いいあいさつだね。いいあいさつをすると、一日のスタートが気持ちよくなるよ」などのように、子どもたちの姿をつかみ、こちらのメッセージを伝えるのです。

　また、マイナスな要素もプラスに変えることができます。「友達関係で悩んだ分だけ、本当の友情を知ることができるはずだよ」「今回悔しい思いをした分だけ成長できるよ」などです。子どもたちへの決めゼリフとしても活用できるので、ぜひ使ってみてください。

「事実」＋「メッセージ」を組み合わせよう！！

心理的アプローチ

ミルトン・モデル② 「複合等価」

説明

　複合等価とは、ちがった2つのことをかけ合わせ、それぞれちがっているものが同じ意味を示しているようにして話すことです。

　たとえば、複合等価には次のような話し方があります。

- ・勉強をがんばっているということは、それだけ成長に向かっているということだね
- ・友だちとたくさん話ができているということは、自分自身にとって財産をためているということだね
- ・毎日、学校に来ているということは、それだけコツコツと経験値を上げているということだね

　よく考えると、前の言葉と後の言葉が必ずしもイコールの関係であるとは言えません。しかし、前の言葉が事実であると、後ろの伝えたいメッセージがより相手に届きやすくなるという効果を「複合等価」では、期待できるのです。

　この「複合等価」は、リフレーミングを自然と活用することができます。「辛い思いをした分だけ人にやさしくなれるね」「勉強を苦手だという気持ちが、あなたを強くしてくれるのだと思う」など、自然に捉え方を変えられるような効果をもっているのです。受け手である子どもたちに、ハッとさせられたり、勇気づけられたりと、大きな効果が期待できます。ぜひ、意識してお試しください。

説得力を上げる「教師の話し方」②

「○○さんが言っていたんだけど…」という言い回しはどうして説得力があるのでしょうか？詳しく見ていきましょう。

レッスン

「ある人が○○と言っていました」という話し方は、絶大な効果があります。「校長先生がすごいと言っていました」「(校内で怖いと評判の)○○先生が、今回のことは許せないと言っていました」など、だれかを登場させることで、説得力がうんとあがります。

もちろん、「ある人」は、身近な人でなくてもかまいません。「織田信長が…」「アインシュタインが…」など、過去の人でもいいのです。また、「ある本によると…」「昔からの言い伝えで…」など、人に限る必要もありません。

たくさんの「ある人」をもち合わせておこう！

心理的アプローチ

モデリング

説明

　モデリングとは「望ましい人物やキャラクターになったつもりで何かに取り組んだり考えたりすること」です。「その人なら…」「その人になったとしたら…」という思考で考えてみるようにしましょう。また、話し方を向上させたいと思ったとき、モデルとなるその人の話し方を見たり聞いたりしてみましょう。そして、実際に自分が話をするときに、その人になったつもりで話をするのです。そうやって取り組むことで自分のスキルを向上させることができるのです。

職員室で
〇〇先生が
みんなのこと
とてもほめて
いました

　説得力のある人物として「昔の先生のクラスの子どもで…」というエピソードはとても効果があります。子どもたちも、自分と同じ年齢（当時）であることと、同じ先生のクラスということで、親近感がわくようです。さらには、「先生の昔の友だちが…」というように、友人に登場してもらうのもいいでしょう。こちらも、先生の知り合いということで、子どもたちは特別な感情をもって話を聞いてくれます。

5

子どものやる気を引き出す
「教師の話し方」

子どもたちのもつ様々な「原因」を見つけ、どんどん「結果」につなげて語ってみよう！

レッスン

「もう〇年生だね。〇年生になると、さらに学校が楽しくなるね」「この勉強を2週間続ければ、成長を実感することができるよ」など、「〇〇だから××になる、〇〇すると××になる」「〇〇したとき××になる」という組み合わせで、子どもたちに語ってみましょう。

「どうしたら子どもたちのやる気を引き出せるのか…」と悩む先生は少なくないと思います。上記のように子どもたちに伝えることで、自然に先生のメッセージを子どもたちに伝えることができます。ぜひ、試してみてください。

point

自分で決めた〇〇でいいので、子どもたちに語りかけてみよう！

心理的アプローチ

ミルトン・モデル③「因果」

説明

　ミルトン・モデルの因果とは「原因」と「結果」をセットで伝える表現のことを言います。たとえば、以下のような伝え方では、どのようなちがいがあるでしょうか？

　・勉強をしよう

　・将来だれかの役に立つことにつながるから、勉強しよう

　どちらの表現も、「勉強しよう」という伝えたい結果は同じです。

　しかし、前者には、ミルトン・モデルの因果でいう「原因」の部分がありません。ただ、結果を伝えているのみです。

　やはり、後者の方が子どもたちの行動を変容させることができるでしょう。他にも

　・おうちの人に喜んでもらう姿を想像して、練習しよう

　・次の授業でうまく読めるように、家で音読の練習をしよう

　などのように、「なんのために」という部分をセット伝えるようにすることで、より一層の効果が期待できるのです。

　指導の上手なベテランの先生たちは、こうした心理学や脳科学を知らずとも、自然にこのような言葉かけを子どもたちにしているように思います。「この先生は指導がうまいな」と思ったら、ぜひ、このページで紹介したような言葉かけをしているのではないかと、分析してみましょう。

あえて否定して子どもを動かす「教師の話し方」

教師は子どもたちに働きかけるときに、あらゆるパターンをもち合わせていなくてはいけません。ここでは、一風変わった話し方をお伝えします。

レッスン

「みんな、そんなに勉強しすぎないでください」「クラスのために協力しすぎです」なんてことは、ほとんど学級では言わないでしょう。しかし、子どもたちが一生懸命なときほど、このように伝えると、子どもたちの意欲が俄然高まることがあります。

こうした「否定命令」といわれる形で子どもたちに話しかけるときには、笑顔で話すことを忘れないようにしましょう。真剣に言ってしまうと、本当にそうしなければならないと思われてしまう可能性があります。うまく、こうした表現を使いこなすと、指導の幅が一気に広がりますよ。

point

「〜してはいけません」という言い方をマスターしてみよう！

心理的アプローチ

ミルトン・モデル④「否定命令」

説明

　ミルトン・モデルの「否定命令」とは、あえて否定の形をとって相手に伝えることで、相手へ伝わるようにする話し方です。

　「みんな、勉強をがんばりすぎないでね」

　「ちょっと、本を読みすぎてはいけませんよ！！」

　「運動会の練習、みんな楽しみすぎです！！（注意するように）」

　このように否定する形で子どもたちに伝えていきます。

　しかし、実際に子どもたちは挑発されたように感じ、「よし、もっとやろう」「楽しくなってきた。もっとやってみようかな」という気持ちをくすぶることができるのです。

　お笑い芸人さんが「やめてね」と言われたことをフリだと思い、実際に行動するようなものです。「否定命令」を活用することで、いつもとはちがった伝え方をすることができます。ぜひ、活用してみてください。

これ以上
勉強しては
いけません!!

　担任の教師は１年間で1000時間近くの授業を子どもたちと過ごします。気を付けなければ、お互いの「マンネリ期」を迎えることとなり、ぎくしゃくしてしまうこともあります。そんな時期をできるだけ少なくしたり短くしたりするためには、教師はいろいろな手法をもっておかなくてはいけません。

さりげなく伝わる「教師の話し方」

先生からのメッセージを受け取ったつもりなんてなかったけど、実は受け取っていた…。そんな伝え方も存在します。

レッスン

「あなたが成長することで、どんな人が喜ぶんだろう」「みんなの努力が先生は楽しみです」などという伝え方があります。この伝え方には、どんな効果があるのでしょうか。実は、ある効果が隠されています。

実は、上のメッセージには「成長しよう」「努力しよう」という意味が間接的に含まれているのです。子どもからすると、教師に言われている感じがしないのですが、実は、こちらの伝えたいメッセージを伝えることになるのです。

point

さりげなく子どもにこちらの伝えたいことを伝えよう！

心理的アプローチ

ミルトン・モデル⑤「挿入命令」

説明

　ミルトン・モデルの「挿入命令」とは、こちらが相手にしてほしいと思うことを、途中に差し込んで伝えることです。

　たとえば、先生が話しているときや子どもたちが発表しているときに、次のように途中で差し込んで伝えます。

　「メモを取っても構いませんよ」

　このように途中で差し込むことで、子どもたちはハッとして鉛筆を手にもつことでしょう。他にも

　（1日のふりかえりの場面で）「自分のがんばったことを書いてもいいと思うよ」

　などのように、途中で差し込むことで、相手をはっとさせることを通して、変容を促すようにするのです。

　　直接的な指示と間接的な指示を使い分けていますか？年度始めや緊急性の高いもの、さらには、連絡事項などは直接的な指示が有効ですが、子どもたちの学習態度面や生活態度面を1年間直接的な指示のみで過ごすと、お互いにぎくしゃくした関係になってしまうことも少なくありません。

　　そうしたことにならないためにも、「間接的に伝える」という方法をぜひ知っておいてください。こうした言い回しができることで、子どもたちども、さらに良好な関係を築けます。

8

メッセージを「問い」にして伝える 「教師の話し方」

> 「問い」をうまく使うことで、主体的に行動する子どもたち
> に育てることができます。学級経営の中でうまく問いを活用し
> ましょう。

レッスン

　「〇年生のレベルの文字を書くことはできるかな？」「昨年の6年生の
ような態度で卒業式にのぞむことはできますか？」など、すでに使った
ことのある、もしくは、聞いたことのある伝え方があります。これらの
言い方はなぜ効果を発揮するのでしょうか。

　これらの言葉をみると、質問の前に「こちらの伝えたいメッセージ」
が含まれていることにお気付きかと思います。子どもたちは、質問の前
にこうした「基準」を聞き、そのイメージをもって質問を聞くことにな
るのです。

point

伝えたいことを「問い」にして伝えてみよう！

心理的アプローチ

ミルトン・モデル⑥ 「挿入質問」

説明

　こちらの意図することを質問の形にして相手に伝える方法です。

　たとえば、私たちは次のような表現を子どもたちに用いています。

　（校長先生が話しているとき）「今はだれの方を見るとよいかな？」

　「自習中に自分がとるべき学習の態度はどんな態度だろう？」

　それぞれ、こちらの伝えたいことは直接的には伝えていませんが、伝えた質問を答えることによって、子どもたちはこちらの伝えたいメッセージを受け取ります。

　人は直接的に伝えられると、時に拒否反応が生まれることがありますが、こうした質問形式で伝えることによって、相手の自発的な行動を促すことができるようになります。

　時には、質問の形でこちらの伝えたいことを伝えられるようにしてみてください。

昨年の6年生の態度で卒業式にのぞむことができますか？

　「あとどれくらいかかりそう？」「今、何時かな？」など、こちらから子どもたちに問いかけることがあります。それらには「終わり時間を意識しよう」「時計を見て行動しよう」という隠れたメッセージがあります。こちらが伝えたいことを、あえて気付かせるような問いを用意し、伝えることで、子どもたちは自分たちで確認するようになります。このような問いの積み上げをすることで、主体的に動く子どもたちに育てることもできるのです。

9

「〜前」「〜後」「〜間」を 使いこなす「教師の話し方」

学級の子どもたちが何かに取り組む前後、またはその間にうまく使える言い回しがあります。学級のあらゆる場面で使用可能です。

レッスン

「みんなが一生懸命勉強に取り組んでいるうちに、決めておくね」「○○さんがさらにかしこくなる前に、話をしておきたいことがあります」など、こちらの願いを前提に織り込んで子どもたちに話しかける、という手法があります。

これも、これまでのミルトン・モデルと同様に、さりげなくこちらのメッセージを伝えることができます。それに、この「前提（時制）」は、「〜後○○○○」「〜前○○○○」「〜間○○○○」など、比較的簡単に取り入れることができます。

point

「〜前」「〜後」「〜間」を入れてメッセージを伝えてみよう！

心理的アプローチ

ミルトン・モデル⑦「前提」

説明

　ミルトン・モデルの「前提」とは、こちらが意図して伝えたいことを、さりげなく前提として入れておくような伝え方です。

　たとえば、「みんなが４年生として活躍してもらう前に、みんなに考えてほしいことがあります」と伝えたとします。この文章のどこが前提になっているかわかるでしょうか？

　実は「４年生として活躍する」というのが、さりげなく前提として組み込まれているのです。伝えられた側は後半の「考えてほしいことがある」の方に注目するので「４年生として活躍」の部分を抵抗なく受け入れることができてしまうのです。

　こうした伝え方をすることで「４年生として活躍しよう」というメッセージをさりげなく届けることができます。

　たとえば、職員室に忘れ物をしたときです。「ちょっと忘れ物を取りに行きます」と、ただ言うだけなのと、「みんなが集中して学習に取り組んでいる間に、職員室に忘れ物を取りに行ってきます」と言うのとでは、どちらが子どものやる気に火がつくでしょうか。後者であれば、「忘れ物をしてしまった」という失敗を「子どもたちの自習力を上げるチャンス」として活用することができます。こうした、いろいろな言い回しで、ピンチをチャンスに変えるなど、幅広い指導につなげることができます。

10

子どもたちに気付かせる「教師の話し方」

こちらから伝えたいことを子どもたちに気付かせるスキルがあります。子どもたちの自主性も同時に育むことができます。

レッスン

　子どもたちの状態がよくないとき、教師から「どういうつもりだ！！」と一言言いたくなりますよね。しかし、そんなとき、一呼吸おいて次のように言います。「もうみんな気が付いているよね？今のクラスの状況に…」と。子どもたちはハッとするでしょう。

　子どもたちは問われれば、自分たちの状況をふりかえります。そして「先生の言うことの意味は何だろう？」と疑問をもち、自分たちの最近の生活を見直すでしょう。そして、よくなかった点に気が付いていくのです。

「気付いているよね」「知っているよね」を使いこなそう！

心理的アプローチ

ミルトン・モデル⑧「認知」

説明

　ミルトン・モデル「認知」は、「気付く」「わかる」「知っている」という言葉を活用し、質問を通して相手に伝える方法をいいます。たとえば、以下のような伝え方です。

・教室が汚れていたことに、みんなは気付いていましたか？

・たくさんの方がみんなのために動いているかをわかっていましたか？

・勉強が将来たくさんの人を救うことにつながることを知っていますか？

　このように「気付く」「わかる」「知っている」という言葉の前に、伝えたいことを差し込み、質問の形で子どもたちに届けていきます。

　すると、これら3つの言葉の前に伝えている内容がより強調されるのです。しかし、質問形式で届けているので相手には抵抗感は生まれにくく、すんなりと子どもたちに伝えたいことを届けることができます。

　もちろん、プラスの場面でも活用することができます。「もう、みんながんばっていること、知っているよね？」「今日の勉強で大切なところに、気が付いているよね？」などです。そう問いかけることで、子どもたちは自力で気付こうとし、答えを出します。先生は子どもたちの意見を集約し、足りない点があれば補えばいいのです。そうすることで、より子どもたちの自主的な活動につなげることができるでしょう。

第 8 章

学級で子どもの自立心を
引き出す

自分の強みは何かを自覚させる

> 担任している子どもたちが、どのようなものを「好き」とい
> うか捉えていますか？その子のキャラをつかむことで指導もま
> た変わってきます。

レッスン

　子どもの自己紹介で「あなたの好きなことは？」と聞くことが多いと思います。そのときには、せめて5つは聞くようにしましょう。たくさんの「好きなこと」を聞くことで、その子がどんな特徴をもっているのか見えてくるようになるのです。

　また、総合的な学習の時間などで、「自分の好きなことを100個書こう！」というワークを行います。もちろん、途中で書けなくなってきますので、友だちの書いたものを参考にするなどして埋めていきます。それでも100個埋まらなくても構いません。その子が自分の好きなことをふりかえることができればよいのです。

point

自分の好きなことを自覚させよう！

心理的アプローチ

パーソナリティ

説明

　人はそれぞれの「キャラクター」をもち合わせています。

　それらをつくり出しているのが有名な「遺伝的要因」と「環境的要因」です。生まれながらにしてもっている性分と、生まれてからどのような環境（人・物・出来事など）で育ったのかで後天的に与えられた部分があるという理論です。

　人は、「自分のことを知っているようでよく知らない」とよく言われます。自分の得意なことは何なのか？自分の好きなことは何か？そして、それらがどうして得意だったり好きだったりするのかという理由を案外知らないものなのです。

　そうしたことを知ろうとすることで「自己理解」が進みます。自己理解が進むと、より自分自身に自信が生まれたり、自分を好きになる気持ちが高まったりするものだと思うのです。

　人は思った以上に「自分の好きなこと」に無自覚です。1つや2つならあげられるかもしれませんが、複数の好きなことを並べて考えたことはありません。そして、ある年齢まで達すれば「自分の好きなことの一貫性」を捉えることができるようになるでしょう。それが、自分自身の強みとなるのです。低学年の間は、教師や保護者が捉えてあげることが大切です。これからの時代、好きなことの自覚はとても大切なことであると思っています。

学級全員にリーダーを経験させる

> どれだけ学級内でリーダーができる機会を確保しています
> か？全員が学級のリーダーを経験できる機会をつくりましょう。

レッスン

　「学級委員」「班長」など、学校では昔から「リーダー教育」がされて
きていますが、体系化されたり整理されたりしているわけではありませ
ん。リーダーはだれもが経験をすることで、そのスキルを身に付けるこ
とができます。学級内でリーダーを育てるシステムをつくりましょう。

　簡単な方法は、週替わりで班長を経験させることです。班長を輪番制
にしてしまうのです。そうすることで、全員が班長を経験します。班長
には「班の意見をまとめる」「班代表で意見を言う」など、小さな仕事
でもふっていくことが大切です。

point

ひとりのリーダーを育てるのではありません。

心理的アプローチ

アーキタイプ

説明

　アーキタイプとは、「原型」を意味します（ブリタニカ国際大百科事典 小項目事典より）。第1章でも紹介した「ヒーローズジャーニー」では、「デーモン」がありました。ここでは12のアーキタイプを紹介します。それぞれ人を魅了するタイプがあります。教師はこれらを把握しておきましょう。そして子どもには、たくさんの役割（タイプ）を与え、成長につなげます。

　幼児　孤児　戦士　援助者　探求者　求愛者　破壊者　創始者
　統治者　魔術師　賢者　道化

　これらの12タイプはだれしもがもち合わせているものとされています。もちろん、個性やそのときの状態によって、それぞれの要素が色濃く出たり、あまり目立たなかったりします。

　ここでは、このようなキャラクターがあるということを知りましょう。そのときの、その子に合ったキャラクターが存在するはずです。この観点で子どもを見とり、タイミングよくリーダーを経験させましょう。

3

道徳の授業で自分を知る

週に1度の道徳の時間をどのように捉えているでしょうか？
道徳の時間の充実は、他教科の充実にもつながります。

レッスン

　道徳の授業では、自分のことを聞かれる問いが多く用意されています。これは、他の教科とはちがった特徴です。道徳の授業を充実させればさせるほど、子どもたちは自分のことを知ることにつながっていくのです。

　では、どのようにして道徳の授業で自分の考えを深めればよいのでしょうか。それは、「書く」ということです。書くことは時間がかかります。書くためにはじっくりと考えなくてはいけません。だからこそ、じっくりと自分と向き合い、自分だけの考えが引き出されるのです。

point

道徳の授業で書くことによって新しい自分に出会うのです。

心理的アプローチ

自問自答

説明

　ソクラテスといえば「問答法」です。ソクラテスが残した「問答法」は問いを重ねることが重視されます。ソクラテスは紀元前から「問い」の重要性を説いていました。

　「問い」は様々な効果をもたらします。「脳は問いを避けられない」のです。「自分の教師としての役割は何か？」「今日、子どもたちの前に立つのにはどんな意味があるのか？」という問いが、哲学的な答えを導く第一歩になります。

　これは、自分自身に向けて行っても一定の効果が得られます。これを「自問自答」といいますが、自問自答を繰り返すことで、より本質的な答えにたどり着くことができるのです。子どもたちにも、良質な問いを紹介し、自問自答ができる力を育ててやりたいものです。

書く時間が
自分と向き合う
時間を生む

　学校生活はあわただしく進んでいきます。教科の勉強、テスト、委員会やクラブ活動、そして、学校行事。どの場でも子どもたちは役割を求められ、成果を求められます。しかし、道徳の時間だけはふっと何も考えず、自分のことに集中することができます。私は、これを「学校生活の潤滑油」と、考えています。道徳の時間で、自分自身をアップデートするからこそ、他の活動がよりよくなっていくのです。

未来志向で毎日を過ごす

> 「夢」は未来のことです。未来をどのようにして考えるかで、その子の1日のパフォーマンスが変わってきます。

レッスン

　「夢」というと、将来の仕事のこと、何かまぶしいもの、大きなものというイメージを子どもたちはもってしまいがちです（もしかしたら大人もそうかもしれません）。しかし、「今日はこれだけ勉強を進めたい」「早く勉強を終わらせて好きなゲームをしたい」という身近な未来を思い描いてもよいものです。まず、これを子どもたちに伝えてあげましょう。

　そして、「未来をどうしたいか」をいつも考える癖をつけさせてあげましょう。子どもたちの思考をいつも未来へと向けさせるのです。たとえば、朝の会で、「今日をどんな風に過ごしたいか」「今日、1番がんばりたいことは何か」と、未来のことを話す機会をとります。そうしたことを班の中で発表させていくのです。

point

「未来志向」の子どもたちを育てよう！

心理的アプローチ

未来志向

説明

　未来志向とは、その言葉の通り「未来に目を向けること」です。「この勉強が終わったら〇〇をしよう」という近未来的なものや「将来は日本を代表するようなピッチャーになりたい」「だれもが知るような有名な会社をつくってみたい」など、遠い未来を考えるものがあります。「脳は空白を嫌う」という機能があります。「〜したい」という意識をもつことで、脳内に空白が生まれ（「この先〇〇がしたい⇔実現していない現実」との間に生まれる空白）、脳はそれを嫌います。よくビジネスの世界でも活用されている「逆算思考」も、この脳の機能を活用しています。

　子どもたちに未来志向のクセをつけるようにしてみましょう。そうすることで、脳内に空白が生まれ、主体的・意欲的な活動へとつなげることができるでしょう。

未来の記憶を
ため込んでいく

　「予祝」という言葉があります。未来のことを予めお祝いしてしまうのです。萩本欽一さんがなかなか売れずに困っていたとき、お母さんが「そんな暗い顔をしていてはいけないよ。ほら、あんたの未来が成功したことを祝っておくよ」と言って、萩本さんの未来の活躍に乾杯したというエピソードがあります。思えば、日本の乾杯文化は「〇〇のさらなる発展を願って」など、未来を先取りしてお祝いしています。日本人は、もともと未来志向といえるのかもしれませんね。

5

それはだれを喜ばせるのかを考える

学校には様々な活動があります。それは「利己（自分のため）」か「利他（相手のため）」かを考えることで取り組み方も変わっていきます。

レッスン

子どもたちが日々取り組んでいる勉強。そして、その他の学校行事などにおける子どもの活動。それらは一体「だれのためになるのか？」を一度考えてみましょう。そして、「それらを通じて、だれの喜ぶ顔を見たいのか」を学級で考えてみましょう。

たとえば、掃除であれば「そこを使うクラスの友だちや、他の学年の人たちのため」となるでしょう。委員会活動であれば、「学校をよりよくして、みんなに喜んでもらうため」となるでしょう。どんな活動も「だれを喜ばせたいのか」という視点をもって子どもたちに考えさせてみるのです。

point

あらゆる活動を「だれを喜ばせることができるのか」という視点で考えよう！

心理的アプローチ

利他的行動

説明

　利他的行動とは「相手のことを優先に行動をすること」です。反対の言葉に「利己的行動」があります。これは「自分のことを優先して行動をすること」です。

　最近の研究では「利己的行動だけでは幸福感を得ることができない」ともいわれています。それよりも、利他的な行動を取り、相手を尊重する、親切にする、配慮する方が人の脳内の幸福を感じるホルモンが分泌されるともいわれています。

　人のすべての行動を利他的にすることは難しいでしょう。しかし、利他的な行動を増やしていくことで、活きていくうえでの満足感や充足感を高めることができます。ぜひ、学級内でも子どもたちの利他的な行動を増やしていくように心がけてみてください。

　「勉強するのは何のため？」と、一度は子どもたちに聞かれたことがあるのではないでしょうか。よく聞く答えとして「将来の仕事のため」「自分のため」がありますが、私はそうではないと思っています。「勉強は、将来、自分が出会う人のため」と定義付けています。今、学んだことを力にし、将来、目の前のだれかのために役立てること（モノ）だと思うのです。そう考えると、将来の夢は自分のためだけでなく、だれかを喜ばせるためにあると考えることができると思います。

「感謝のクセ」をつけさせよう

人の感情は20以上あるといわれています。その中でも特に子どもたちに研ぎ澄ましてほしいのが、「感謝」という感情です。

レッスン

　学級にぜひ取り入れてほしい文化が「感謝の文化」です。どんなことにも「ありがたい」「感謝」という視点で見るように子どもたちに指導をします。一日の終わりに「今日の小さな感謝」を班の中で交流するのもいいでしょう。

　また、宿題や一日の終わりに「感謝日記」を記すのも有効です。日記に記すことで、感謝が可視化され、蓄積されていきます。「どんなこともありがたい」と思えると、とても温かい安心感のある学級へと育っていきます。

point

「何事もありがたい」という視点をもたせよう！

心理的アプローチ

感謝

説明

　近年の研究で「感謝」という概念が注目されるようになりました。「感謝の気持ち」をもつことでも、脳内に「オキシトシン」が分泌され、人は幸福感を感じるといわれているのです。さらにオキシトシンは集中力の向上や免疫力の向上にも効果が期待できるといわれています。日本語で感謝を表す「ありがとう」という言葉は、日本語の代名詞とも言えます。また、昔の人は「何事にも感謝をする」と言い伝えてくれています。IT化が進む今の時代だからこそ、昔から伝わる「感謝」を学級内でも価値付けてほしいと思います。

ありがたいなぁ

　「感謝することは自然発生的な感情ではないのか」という意見もあるでしょう。しかし、こうした視点を教えるのと教えないのとでは、はっきりと自立心にも差が生まれます。「物事にはこのような捉え方がある」ということを、ぜひ子どもたちに教えてあげましょう。それで、感謝の気持ちをもつ機会が多くなることは、教育の向上を考えても、とても有効なことです。

その子だけのストーリーを語れるか

担任の先生は、毎日子どもたちと過ごしています。毎日の子どもたちの小さなストーリーに気が付くことはできていますか？

レッスン

　私たちは子どもたちの何を見るといいのでしょうか？私は、通知表には表すことのできない、その子だけの「エピソード」を見るべきだと思っています。そして、その子の成長や挑戦のストーリーをぜひ頭の中に入れて見るようにしてください。

　では、そんなストーリーを生み出すにはどうすればいいのでしょうか？それには、優れた教育実践が欠かせません。優れた教育実践なくして、その子の成長のストーリーが生まれるわけがないのです。

point

その子だけのストーリーを生み出そう！

心理的アプローチ

エピソード記憶

説明

　エピソード記憶とは、その名の通り体験的に記憶したものをいいます。それに対して意味記憶とは、単に語呂合わせのように知識のみで記憶することです。記憶の定着は意味記憶よりもエピソード記憶の方がよいとされています。

　では、どのようにして意味記憶としてではなく、エピソード記憶として脳の中に取り込むことができるのでしょうか？それは、得た知識を人に説明したり議論したりすることです。習ったことを「徳川家康とはどんな人物なのか、となりの人に説明してみましょう」という短い体験を入れるだけでもずいぶんとちがってきます。

　こうして、意味記憶だけでなくエピソード記憶となるように授業を工夫していきましょう。

　子どもたちのエピソードは、保護者懇談でも大いに役立ちます。懇談会で、「その子の小さなストーリーを語れるかどうか」は、大きな分かれ道であると思っています。それは、大きなストーリーでなく小さくてよいのです。「毎日コツコツと学習に取り組むようになった」「だんだんと班の中での話し合い活動に積極的に参加するようになってきた」など、子どもたちの中では小さなストーリーが連続的に起こっています。体験的な活動を通して、教師がアンテナを張り、気が付いていたことをフィードバックしてあげましょう。

8

学級のゴールは、子どもたちが それぞれの「あり方」を見付けること

> 「学級のゴール」をどのように定義づけていますか？どんな ゴールを設定するかによって、学級の道筋は大きく変わってい きます。

レッスン

　私たちは、日ごろ「教師対子どもたち」という図式で教育活動を行っています。しかし、教育という営みは、「各個人」へと返されるべきでしょう。では、各個人にはどのようなことを還元していけばよいのでしょうか？

　私は「その子の人生に影響を与える」ということであると思っています。そのために教師は「その子の人生に影響を与えるためには」という各個人への問いに、少しでも、わずかでも、答えるべきであると考えています。

point

「その子の人生」へほんの少しでもフォーカスしてみよう！

心理的アプローチ

ウェルビーイング

説明

　ウェルビーイングとは、近年はビジネス界でも重要視され始めた考え方です。それぞれの単語をそのまま日本語にすると、「WELL」は「よりよい」となり、BEINGは「あり方」となります。「よりよい在り方」、もう少し言葉を付け加えると「よりよい自分自身のあり方」です。つまりは、よい自分の状態を目指す、よりよい自分でいるということになります。そして、近年のビジネス界では「よりよい自分でいる方が成果は出せる」という考え方が広まりつつあります。これは、考え直してみると当たり前のことです。

　日本の幸福学の前野隆司教授（慶応義塾大学）は、「やってみよう」「ありがとう」「なんとかなる」「ありのまま」の４つを高めることでWELLBEINGが高まると研究の成果を報告しています。

より良い状態だから
効果を生む

　学校教育の究極の目標とは「人格の完成」ともいえます。それは、教育基本法にも明記されています。しかし、人格の完成などあるのでしょうか？また、全員が同じ人格を目指すのでしょうか？私は、それぞれの人生のよりよい「あり方」を探ることこそ、人格の完成と呼べるのだと思っています。

第 9 章

学級で子どもの
能力を引き出す

当番は一人一役にする

当番活動は、給食当番、掃除当番など様々ありますが、どのように決めていますか？私は「一人一役」を基本としています。

レッスン

「一人一役当番」とは、言葉の通りで「一人に一役を与える」ということです。学級の仕事であれば、クラスの人数分（40人学級であれば40個！）の仕事を考え、それを割り振るようにしています。そうすることで、それぞれに責任と自覚が芽生えます。

また、それぞれの当番の交代の周期はできるだけ長くとっています。学級の当番や掃除当番は学期交代を基本としています。給食当番はエプロンなどの関係で長期化が難しいかもしれませんが、それでもできるだけ長く期間を設けられるのであればその方がよいでしょう。

point

当番は一人一役を基本とし、できるだけ長い期間設けるようにしよう！

心理的アプローチ

役割効果

- -

説明

　役割効果とは「人は役割（○○主任、校長など）を与えられると、それに求められる能力を発揮したり責任を果たしたりしようとすること」です。「役割を与えることで人を成長させる」ことは、以前からも様々な世界で取り入れられている方法です。人間には、だれしも「役割」が存在します。体育主任であること、校長であるということ、様々な役割があります。役割、いわゆるポジションは、子どもにとっても本質的に変化させることがあるのです。

役割があるから
所属感が生まれる

　一人一役にすることで、仕事の効率がうんと上がります。教室のほうき役を考えても、3〜4か月同じ仕事をするので、ルーティーンをこなすようになります。つまり、頭で仕事をするよりも体で仕事をしているような感覚になるのです。

　それだけではなく、それぞれの仕事にこだわりをもたせます。「えっ！こんなレベルで！？」と思わせてくれるようにします。そうすると、心からその子をほめることにもつながります。

会社活動を取り入れる

> 当番活動とは別に「会社活動」を取り入れてみましょう！子どもたちのダイナミックな活動を見ることができますよ。

レッスン

　当番活動は「学級になくてはならないもの」ですが、会社活動とは、「それがあると学級が豊かになるもの」としています。もともとは「係活動」なのですが、「自分たちで会社をつくってみよう！」ということで、会社活動と呼ばれるようになりました。

　会社活動は子どもたちが自治的に運営します。「スポーツ会社」「新聞会社」「誕生日会社」など、子どもたちが自分たちで名前を決めて実施していきます。基本的にやりたい人が集まって行うので、人数にばらつきが生まれても構いません。2人の会社もあれば6人の会社があってもよいのです。

point

子どもたちにダイナミックに取り組ませてみよう！

心理的アプローチ

内発的動機付け

説明

　内発的動機付けとは、「やってみたい」「楽しそう」「なぜだろう」といった人の内側から湧き上がってくる興味・関心から学習などをスタートさせることをいいます。外発的動機付けは「テストで100点を取ればゲームを買ってあげる」「宿題を全員が提出すれば席替えをする」など、やる気のきっかけを学習自体から外して設定することをいいます。現場では、両面のアプローチが考えられますが、特に学習面や道徳面については内発的動機付けを重視したいものです。そのためには、教師側の授業の工夫が必要です。「どうすれば子どもたちの内発的動機付けを発火させられるか」は常に意識するようにしましょう。

＼やってみたい／

＼次はこれ!!／

〇〇会社

内なるやる気を育てる

　もともと、子どもたちは「自分たちで何かを生み出す」ということが大好きです。自分たちで段ボールを集めて何かをつくり出したり、秘密基地をつくったりと、自分たちで計画を立てて準備をして実行する力をもっています。その力を「会社活動」を通してうまく引き出すようにしてあげましょう。学級の活動が落ち着いた5月の中旬頃で構いません。慌てずに取り入れてみましょう。

3

小さな「できた」で子どもに自信をもたせる

> 学級の初期の頃には、どの子にも自信をもたせてあげることが大切です。そのためには、先生のよい授業が欠かせません。

レッスン

　「先生の授業はわかりやすい」と子どもたちに思わせてあげることが大切です。では、どうすればそのような授業をすることができるのでしょうか。それは、小さな「できた」を繰り返し経験させてあげることです。「3つ意見を書きましょう」と言えば、3つ書かせ、「この問題を解きましょう」と言えば、解けるようにしてあげることです。

　「できない」という経験もとても重要です。しかし、それは学級がだんだんと成熟してから経験させてあげることであって、学級の初期の頃には「できた！」を多く感じさせてあげる方がよいでしょう。そのためには、スモールステップで授業を進めることが大切です。

point

スモールステップで「できた」を体感させよう！

心理的アプローチ

自尊感情（セルフ・エスティーム）

説明

　自尊感情という言葉は学校現場でも多く使われているので知っている方も多いでしょう。「自分を大切にする感情」「自分を好きでいる感情」という意味の言葉です。日本人は他国の人に比べて「自尊感情が低い」とよくデータをもとにいわれます。しかし、それは日本人の「謙虚さ」の表れだという見方もあります。また「自尊感情とナルシストは紙一重である」という研究者もおり、ナルシストの行き過ぎはかえって危険であるという見方もあります。

　子どもたちが自分に自信をもったり、自分自身を受け入れたりすることはとても大切なことです。しかし、自尊感情については、そのような意見もあることを知っておきましょう。

　最近は「学習者主体の授業」といわれるようにもなってきました。しかし、私たちが相手にしているのは、まだ子どもです。学級が成熟してくれば、子どもたちを主体的な学習者としてとらえた授業もできるようになっていきますが、まずは先生がしっかりと「わかる授業」を展開してあげなくてはいけません。学習が苦手だなと感じる子どもが「先生の授業なら、できるかも」と思わせてやらなければなりません。まずは、先生がしっかりと自信をもたせてあげましょう。

クイズの活用で学力を上げる

メンタリストDaiGoさんも推奨している「学習のクイズ化」を活用しよう！

レッスン

「この知識を子どもたちに習得させたい」というときがあります。そのために有効な方法が「クイズ化」です。こちらから説明するだけでは子どもたちの集中力を上げることは難しいですが、クイズ化をすることで、簡単に子どもたちの集中力を上げることができます。

クイズ化には３パターンあります。まずは「先生ー子ども」です。これは、こちらが意図した問題を出すことができます。次に「子どもー子ども」です。班の中で行うと、自分で問題をつくることにもつながります。最後に「自分ー自分」です。ノートなどに書きます。自学のひとつとして活用することができるでしょう。

point

学習に「クイズ化」を入れてみよう！

心理的アプローチ

ARCS（アークス）モデル

説明

　アークスモデルとは、学習意欲向上のモデルです。以下の４つのそれぞれの頭文字をとって「ARCSモデル」と名付けられました。

- ・Attention　注意喚起
- ・Relevance　関連性
- ・Confidence　自信
- ・Satisfaction　満足感

　1983年、教育学者のジョン・ケラーが提唱したものとして知られています。この４つのステップを踏むことで、学習者の意欲を向上させることができると提唱しました。

　授業で考えると…

- ・「知りたい」「学びたい」「調べたい」と子どもたちが思うような教材を提示する（注意喚起）
- ・「どうして勝手に電気が付いたり消えたりするのだろう？」と課題をもつ（関連性）
- ・話し合って予想を立てる「こうじゃないかな？」（自信）
- ・学習を通して結果を知る（満足感）

というような具合です。「よいとされる授業」「子どもたちが熱中する授業」は、このARCSモデルを満たしていることがほとんどです。

　アークスモデルを意識して、授業の充実を図り、ペーパーテストにも結果が出せるように配慮してあげることも大切なことです。

5

自力学習を活用して教科書を読ませる

> 教科書は学年配当漢字について厳しいチェックを受けています。ということは、子どもたち自身で読むことができる書物なのです。

レッスン

　まずは、教科書を子どもたち自身で読ませ「できるところは自分でさせてみる」ということを行います。「自分たちでできる？」と挑発気味に言うことで、子どもたちに意欲をもたせることができます。

　とはいっても、全員がすべて自力で教科書を解くことはできません。そこで、『学び合い』を導入することで「どこができて、どこができないのか」を自分で見定めることができます。そうした状態で学び合うことで、より効果を発揮することができます。

point

まずは自力で教科書の問題を解かせてみよう！

心理的アプローチ

知っていることを事前に書き出す

説明

　メンタリストDaiGoさんの著書「超効率勉強法」に紹介されていた方法です。知らないことを書き出すのではなく、知っていることを書き出すのです。ハーバード大学が効果を確認した技法でもあります。

1．「勉強の内容に関わりそうなことで、自分がすでに知っている知識は何だろうか？」と考える

2．思いついた内容をすべて書き出す

　このように「すでに自分の中にある知識」を思い出すことで、新しい情報を理解しやすくなり、記憶への定着率も高くなります。

　「教科書に書かれていることをていねいに説明してあげないと…」というのは、間違った考え方です。また「教科書をみると答えが書いてあるから机の中にしまわせる」というのも、大間違いな考え方です。これからは「教科書をどう自力学習で活用するのか」ということを考えなくてはいけません。「個別最適化」を迎える今、授業観も変換していかなくてはいけないのです。

学級の関係で学力が上がるわけ

P.90で紹介した『学び合い』は、教師の負担を軽減する一方、どうして効果を高めるのでしょうか？ヒントは子どもたちの関係性です。

レッスン

『学び合い』は、自由に学習に取り組んでよいとされています。子どもたちは私たちが思っている以上にダイナミックに学習に取り組みます。通常の授業とは、コミュニケーションの量が格段に変わります。コミュニケーションの量が変わるので、関係性がうんとよくなります。

関係性がよくなれば、わからないところを質問できたり、自分ができていれば教えたりすることができます。そうなると、当然学力は向上します。先生の一斉授業ではなかなか質問できない子も、関係性のある中であれば、どんどんと質問を始めるのです。

point

『学び合い』の効果をぜひ実感しよう！

学術的アプローチ

組織の成功循環モデル

説明

「企業が利益を上げるために最も必要なことは人間関係を向上させることだ」と研究結果を打ち出したのは、

❶関係の質：対話、お互いに尊重
❷思考の質：気づき、よいアイデア
❸行動の質：新たな挑戦、助け合い
❹結果の質：成果の実感
❺関係の質：信頼関係の高まり

出所：作佐部孝哉著、日経Bizアカデミー記事掲載図をもとに制作

ダニエル・キム博士です。「利益向上」「結果を残す」と聞くと、個人の成長であったり、優れたシステムの導入であったりを思い浮かべる人がほとんどかと思いますが、キム博士の提唱はちがいました。「人間関係の向上」がスタートであるとしたのです。図のように、人間関係の向上が始まると思考の質が向上するといいます。そして、行動の質が変化し、結果の質が変化する。こうして組織は結果を出すというのです。さらに、結果の質を向上させた組織はさらに人間関係の質を向上させます。こうして「組織の成功循環モデル」を打ち出したのでした。

「学力向上」と聞けば、ドリルをさせる、プリント学習に取り組むということは大間違いです。それはこの「成功循環モデル」からおわかりいただけることと思います。成果を出すために、人間関係を向上させるのです。こうした理論を知って、学級のつながりをつくることが大切です。

7

問いで子どもの見方・捉え方を変える

> よい授業とは何か？その要素のひとつに「発問」があります。
> 発問はどんな授業でも、いつも注目されている教育技術です。

レッスン

　ある講演会で、国語科授業名人の野口芳宏先生は「よい授業とよくない授業の分かれ目は何か？」という参加者からの質問に対して「発問だ」ときっぱりと答えられました。右にあるロビンズ氏の言う通り、人は問われ方によって、見方や考え方がまるで変わってしまうのです。

　よい発問の例として社会科授業名人の有田和正先生の「バスの運転手さんは何を見ていますか？」があります。運転手さんが安全に気を付けて運転していることをつかませたいというねらいをもった発問ですが、直接的に「何に気を付けていますか」と聞かず「何を見ていますか」と間接的に聞いているのです。

point

　「よい発問とは何か？」を追究し続けよう！！

心理的アプローチ

質問の「質」が人生の「質」を決める！

説明

　私がNLPを学ばせていただいているとき、ある１人の著名人を紹介してくださいました。アンソニー・ロビンズという人です。ロビンズは「世界No１コーチ」としても知られ、テニス界で大きな結果を残したアガシ選手を大復活させたことで大変有名です。

　では、ロビンズは「教える」プロだったのでしょうか？いえ、ロビンズが最も重視したのは、教えることではなく「問うこと」だったのです。

　ロビンズは「質問の質は人生の質だ」とまでいいます。「どんな質問を浴びるか？」によって私たちの思考は大きく変化します。「今日、私たちができる最高の教育とは？」と問われると、私たちは自然とその問いの答えを探そうとします。逆に「どうして教師はこんなにも辛いのだろう？」とマイナスの思考に向かう問いからはマイナスの答えを探そうとしてしまいます。

　一流のコーチは、選手への問いかけ方がちがう、といわれています。例えば「前向きにいこう！！」と、直接的な言葉を使わずに「上を見上げよう！」と言います。人は、上を向けば、自然に口角が上がり、前向きな気持ちになります。間接的に伝えることで、こちらの伝えたいことがより相手に伝わりやすくなります。岩下修先生の名著「AさせたいならBと言え」は、まさに一流の伝え方が記されている本です。ぜひ、読んでみてください。

8

教えることと引き出すこと

「教える」ことと「引き出すこと」はいつも二項対立で考えられています。しかし、対立するものではなく、共存するものなのです。

レッスン

　「一斉指導」への批判はここ最近ずいぶんと増えたように思います。私の考えとしては、一斉授業への批判はなく「一斉指導ばかり」への批判です。指導方法には、その他の方法も存在します。一斉指導とその他の指導をどのようにして組み合わせるのかが重要なポイントです。

　「協働学習」や「学び合い」の準備段階として、優れた一斉指導はとても大切な指導場面です。準備段階で、ルールや手順、そして目的などがうまく語られなければ、協働学習や学び合いはうまく機能しないからです。子どもたち同士の学び合いの成果も、優れた一斉指導が支えているのです。

point

一斉指導と協働学習や学び合いをうまく組み合わせよう！

心理的アプローチ

ティーチングとコーチング

説明

　ティーチングは人に直接的に教えることであり、コーチングは相手から引き出すことです。ティーチングとコーチングという言葉を並べると「相手から引き出すことこそ重要」「ティーチングはよくない」と思いがちかもしれませんが、決してそんなことはありません。両者をうまく混ぜ合わせることが大切なのです。

　ティーチングにも以下のよさがあります。

　・素早く情報を伝達できる

　・一斉に同一情報を伝達できる

　・教えてもらったことをもとに自主的に活動することができる

　ティーチングとコーチングのバランスを考えて使い分けられるようになったとき、あなたはプロの指導者としての入り口に立ったといえるでしょう。理論は簡単でも、現場での具現化には相当の腕が必要です。しかし、その境地に立ったとき、本当の意味での指導の醍醐味を感じられるはずです。

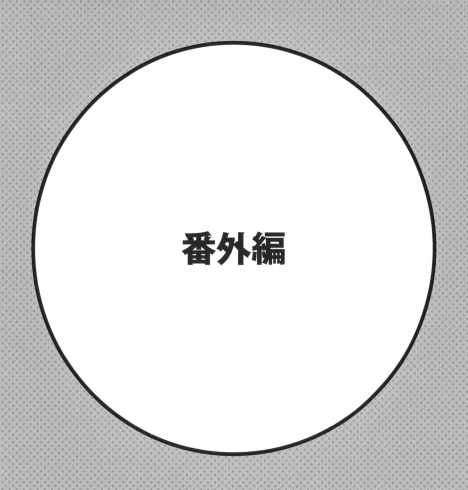

番外編

「小さな信頼」が成長を生む

教師の成長にとって、最も大切なことは何だと考えますか?
ここでは「信頼が大切」という話をさせていただきます。

レッスン

　勤務校でのある日、こんなことがありました。「(あるところの)窓を閉めたいけどちょっと届かないんです」という声が聞こえてきました。「あっ、じゃあ」と私が言おうとすると、隣から「あっ、いきますよ!」と言ってくれた人がいました。

　当時、初任になったばかりの先生です。初任の先生は気が付くと、窓のある2階へとかけ上がっていっていました。これを見た瞬間、「この人は仕事としての能力を伸ばしていくな」と感じました。

point

感謝→信頼→情報→成長　のサイクルを回していこう!

心理的アプローチ

TFT（Tit-For-Tat:TFT）＝応報戦略

説明

　新しく知り合った相手を「まずは信頼する」ことが大切です。まずは性善説で相手と信頼関係を築こうと努力するのです。そして裏切られるまで信頼し続けることをTFT（Tit-For-Tat:TFT）＝応報戦略といいます。同じ相手と継続的な関係にあるときに、TFTでは最初に相手を信頼し裏切られるまではずっと協力を続けます。そして、一度でも裏切られた場合は、信頼関係を見直してOKと考えるようにします。アクセルロッド（アメリカの政治コンサルタント）によると、最初はとにかく信頼・協力しておくこの戦略が最も利益を得やすいと主張しています。

　左の出来事のような「小さなこと」でも間違いなく感謝されます。感謝されると、信頼につながります。信頼ある人は、たくさんのことを教えてもらえ、助けてもらえます。すると、良質な情報がどんどん集まり始めます。つまり、小さなことにも一生懸命取り組める人は、成長することができるのです。

2

「学びの場づくり」が自身の
成長になる

「インプットだけが学び」という時代は終わりを迎えました。
これからは、インプットと同時にアウトプットもセットで行う
時代です。

レッスン

　教師自身の成長のためには「場」をつくる必要があります。自身の学びはアウトプットしてはじめて自分のものへと落とすことができます。人から聞いたり体験しても自身のアウトプットにつなげなくては、自分のものとすることができないのです。

　そのためには、自分にとっての発信の場をつくることをお勧めします。昔は「日記」しかありませんでしたが、今はSNSなどいろいろな場が存在します。気心の知れた仲間とオンライングループを3人以上で組むのもよいでしょう。「学びを出す場」を自分で設定するのです。

point

「学びの場」はアウトプットまでセットであると
心掛けよう。

心理的アプローチ

アウトプットとインプット

説明

　近年「アウトプットの重要性」がよく伝えられています。アウトプットの効果としては、以下のようなものがあります。

- ・得た知識をどのようにして活用するかという思考が生まれる
- ・相手に伝えるつもりで知識を得ようとすることで、記憶に定着しやすくなる
- ・相手に伝えることでさらに記憶される
- ・アウトプットしながら新たな気付きを得ることができることがある

　アウトプットとインプットはセットであると認識しておきましょう。

　時代はものすごいスピードで進んでいます。とてもえらい人から話を聞くだけでは、時代に追いつくことはできません。時代の変化のスピードに合わせ、自分からどんどんと変わっていく必要があります。そのためには、自分自身がアウトプットする習慣を欠かさずにもちましょう。そうでなければ、あっという間に時代から置いてかれてしまいます。目の前の子どもたちに最新の情報を届けるためにも、常に時代の最前線を追う教師でいたいものです。

教師の成長は子どもの成長

教師の学ぶモチベーションは何か？そのひとつに「教師の成長が子どもの成長」ということがあるでしょう。

レッスン

　「子どもの成長は教師の成長に規定される」と、元東京都公立小学校教諭、向山洋一先生は言いました。「教師が成長した分だけ子どもたちを伸ばしてやることができる」ということは、どの教師も納得することではないでしょうか。

　そのためには、自分がどんなキャラクターなのかを知っておかなくてはいけません。今、教育の情報はSNSやインターネットを開けばいくらでも手に入ります。つまり、「どの情報が自分に合うか」を考えなくてはいけない時代となったのです。

point

教師の成長こそ子どもたちの成長と心得よう！

心理的アプローチ

ビッグ・ファイブ理論

説明

　ビッグ・ファイブ理論とは、性格分析の理論のひとつです。ビッグ・ファイブ理論の中では、性格は以下の5つの要素でつくられているといわれています。

- ・外向性
- ・開放性
- ・誠実性
- ・協調性
- ・神経症傾向

　そして、各要素はそれぞれ5段階で評価されます。インターネット上でも「ビッグ・ファイブ」と検索をすると、無料でビック・ファイブ診断を実施することができます。

　自分を高めるためには、まずは自分を知ることです。自分はどの要素が強みであり、どの要素を伸ばすことができそうなのか、そんなこともビッグ・ファイブは教えてくれます。

　国語授業名人の野口芳宏先生は「進みつつある教師のみ人に教える権利あり」という言葉をよく紹介されます。この言葉は、もともとは、ドイツの教育者ジェステルリッヒの言葉です。もう100年も前からこうした言葉は使われています。時代が変わっても、私たち教師の成長が子どもたちの成長になることは、今も昔も変わらないことなのです。

おわりに

　最近では、心理学や脳科学の話題を聞くことが珍しくなくなってきました。

　私たち人間が「ヒト」に対して、つまりは、自分たちについての興味関心が高まってきているといえるでしょう。

　「どうして人は人と仲よくしようとするのか」

　「自分のパフォーマンスを上げるにはどうすればいいのか」

　「私たちはどう生きるべきなのか」

　そんなことに、たくさんの人の興味関心が寄せられているのです。

　それは、私たちの時代にテクノロジーが導入されることにより、より人間らしく生きることが求められるようになったからでしょう。

　人間だからこそできることは何か？

　そんな課題が私たちに出されているのだと思います。

　時代は変わりました。

教育も変わらなければいけません。

　「変わる」ということは、これまでの教育をすべて捨て去ることではありません。これまでの教育に学び、これからの教育をつくっていくことをいうのだと思っています。

　本シリーズでは「これまでの教育に心理学やコーチングの要素を踏まえることで新しい教育をつくり出す」ことを提案しています。

　ぜひ、ひとりでも多くの先生方の手に届き、ひとつでも多くの教室で「これからの教育」が生み出されることを願ってやみません。

　あなたもこれからの教育をつくり出し、実践してみませんか？

　これからを生きる子どもたちにこれからの教育をともに届けていきましょう。

令和２年12月

丸岡　慎弥

丸岡慎弥 （まるおか・しんや）

1983年、神奈川県生まれ。三重県育ち。大阪市公立小学校勤務。関西道徳教育研究会代表。教育サークルやたがらす代表。銅像教育研究会代表。3つの活動を通して、授業・学級経営・道徳についての実践を深め、子どもたちへ、よりよい学び方・生き方を伝えるために奮闘中。道徳を中心として授業づくり・学級づくりにもっとも力をそそいでいる。現在は、NLP や Coaching を学び、教育実践に取り入れることで、独自の実践を生み出している。著書に『教師の力を最大限引き出す NLP』(東洋館出版社)、『日本の心は銅像にあった』（育鵬社）、『話せない子もどんどん発表する！対話力トレーニング』『子どもの深い学びをグッと引き出す！最強のノート指導』『高学年児童がなぜか言うことをきいてしまう教師の言葉かけ』（学陽書房）他多数。

2時間でわかる

学級経営の基礎・基本

2021（令和3）年3月1日　初版第1刷発行
2022（令和4）年6月17日　初版第2刷発行

著　者　丸岡慎弥
発行者　錦織圭之介
発行所　株式会社 東洋館出版社
　　　　〒113-0021　東京都文京区本駒込5-16-7
　　　　営業部　TEL：03-3823-9206
　　　　　　　　FAX：03-3823-9208
　　　　編集部　TEL：03-3823-9207
　　　　　　　　FAX：03-3823-9209
　　　　振替　　00180-7-96823
　　　　URL　https://www.toyokan.co.jp

［装　丁］中濱健治
［本文デザイン］株式会社 明昌堂
［イラスト］とき
［印刷・製本］株式会社 シナノ

ISBN978-4-491-04389-0　Printed in Japan